ÉLÉMENTS
DE LA
POLITIQUE.

TOME SIXIEME.

ÉLÉMENTS
DE LA
POLITIQUE,
OU
RECHERCHE
DES
VRAIS PRINCIPES
DE
L'ÉCONOMIE SOCIALE.

TOME SIXIEME.

A LONDRES.

M. DCC. LXXIII.

TABLE DES CHAPITRES

Contenus dans le Tome VI.

LIVRE X.

CHAPITRE III.

CHAPITRE IV.

CHAPITRE V.

CHAPITRE VI.

CHAPITRE VII.

CHAPITRE VIII.

CHAPITRE XI.

CHAPITRE XII.

CHAPITRE XIII.

CHAPITRE XIV.

CHAPITRE XV.

LIVRE ONZIEME.

LIVRE DOUZIEME.

Fin de la Table du Tome sixieme.

ÉLÉMENTS

ÉLÉMENTS DE LA POLITIQUE.

LIVRE DIXIEME.

Du Prince et de son Éducation.

De ses Devoirs en général, & en particulier de ceux qui sont relatifs à la subsistance des Citoyens.

CHAPITRE PREMIER.

De l'Ordre suprême en général, ou des différentes manieres dont on parvient à la jouissance ou à la participation de l'autorité suprême. On supposera le Gouvernement monarchique dans la suite de ces recherches.

J'Ai réduit toute la Politique à un petit nombre de principes & de maximes, dont les conséquences plus détaillées découlent néanmoins directement des uns & des autres. Tous les hommes sont essentiellement égaux ; donc ils ont tous un droit égal au bonheur. Le bonheur ne peut être le même pour tous, dès qu'on admet d'un côté la société, & de l'autre la diversité des goûts & des talents ; donc il doit y avoir un moyen de diversifier réguliérement les desirs des hommes, afin qu'ils soient heureux, sans préjudice les uns des autres, & pour la plus grande prospérité de la société, ou au profit les uns des autres.

Ce moyen est l'éducation diversifiée, suivant les besoins de la société, & de maniere à opérer, dans la totalité des citoyens, une diversité de besoins qui corresponde à celle des services qui doivent être rendus à la société. Mais comme celle-ci ne peut tenir compte que des classes ou des ordres, & non des individus, la regle générale de l'éducation doit être la naissance qui place les individus dans les ordres, & toute l'attention de la société doit se réduire, à ce que 1°. chaque ordre soit assez nombreux pour qu'un nombre d'éducations venant à manquer, elle ne s'en ressente point; 2°. que les différentes éducations que doit recevoir chaque individu, soient analogues les unes aux autres ; 3°. que nul citoyen ayant, de l'aveu de la société, contracté certains besoins, ne soit, sans sa faute, privé des moyens de les satisfaire.

Voilà l'abrégé de tout ce que j'ai dit jusqu'ici ; & c'est-là ce qu'il faut détruire, si l'on veut renverser mon systême.

Il me reste à parler d'un ordre de la société, & à pourvoir à l'un de ses besoins plus amplement que je ne l'ai encore fait.

Quand j'ai dit que la ſociété a beſoin d'être régie ; je n'ai rapproché de ce beſoin que celui qu'on appelle ambition dans les individus, & j'ai fait enviſager celui-ci comme le moyen de ſatisfaire celui-là.

Si je n'écrivois que pour les Républiques, j'aurois peut-être ſuffiſamment pourvu à ce qu'elles ne manquaſſent pas de chefs ; s'il n'y avoit que des Royaumes électifs, j'aurois encore indiqué ſuffiſamment le motif qu'auroient les peuples d'eſpérer qu'il ne manqueroit point de citoyens prêts à leur ſacrifier leur repos. Ce ne ſeroit pourtant pas que, dans les Républiques & les Royaumes électifs, il y eût une éducation telle que ſon effet dût être de faire rechercher les premieres places : elle ſeroit ſeulement telle que, chacun des membres de l'ordre ſupérieur tendant à l'accroiſſement de ſa ſupériorité par les emplois, ou par l'augmentation de ſon crédit, le ſuccès qu'ils auroient dans cette pourſuite étendît progreſſivement & proportionellement leurs deſirs & leurs eſpérances, juſqu'à ce qu'un ſeul ou pluſieurs n'euſſent plus beſoin que d'une formalité ; le premier, pour devenir le chef unique de la ſociété, ou pour remplir la ſeule place vacante dans une Magiſtrature plus nombreuſe ; les autres, pour qu'il fût décidé lequel avoit le plus de raiſon de déſirer ou d'eſpérer l'avancement que devroit conſommer cette formalité.

Il eſt clair que dans toutes ces ſociétés, où nul ne naîtroit avec une deſtination certaine à la ſuprême Magiſtrature, l'éducation n'en devroit pas donner un deſir déterminé, & que ce ſeroit un citoyen dangereux que celui en qui ce desir devanceroit & surpasseroit les motifs légitimes qu'il auroit d'espérer,

Ce seroit un homme résolu à employer de mauvais moyens, & qui ne connoîtroit pas même l'objet de ses desirs, puisque nul emploi, nulle portion d'autorité n'est desirable par elle-même, & quelle ne peut le devenir que par l'opinion fondée qu'on l'exercera bien; & qu'en l'acceptant, on remplira les vœux du plus grand nombre de ceux de qui on doit la recevoir, & sur qui on doit l'exercer. Mais ces motifs excluent la fureur de gouverner, & ne seront jamais assez forts pour faire affronter de grandes difficultés; ils excluent même des difficultés de cette espece.

Concluons delà que, dans une société où l'ambition peut porter ses vues jusqu'à l'autorité suprême, du moins jusqu'au partage de cette autorité, il faut, à la vérité, que, par un effet de l'éducation, les places auxquelles est attachée l'autorité, paroissent desirables à un certain nombre de citoyens. Cela, dis-je, est nécessaire, non pas précisement afin qu'il y ait assez de gens qui se présentent pour les occuper, car on peut appeller & contraindre ceux qui ne se présentent pas, mais afin que ceux qui se sentiront des talens, tels qu'en les développant, ils puissent se mettre en état d'occuper les premieres places avec honneur & utilité; afin dis-je, que ceux qui auront, à tort ou avec raison, la conscience de leur capacité possible, se donnent la peine qu'ils devront se donner pour acquérir la capacité effective.

La mesure du travail & de l'application dont aura

besoin pour acquérir cette capacité un citoyen né avec les dispositions qui peuvent en rendre l'acquisition facile, doit donc être aussi la mesure de l'intensité de cette ambition que nous croyons nécessaire dans les sociétés dont nous parlons. Mais pour que cette proportion se soutienne, il faudra que les obstacles diminuant, les plus grandes difficultés étant déja surmontées, l'intensité de l'ambition diminue, & ce sera aussi ce qui arrivera, si le desir des emplois a toujours été modéré; car les difficultés augmentent beaucoup ce desir : l'éloignement laisse plus à faire à l'imagination; &, au contraire, la facilité & la proximité relâchent les ressorts de l'ame, & ne permettent pas d'ajouter beaucoup à la réalité.

Heureuse la société où telle sera l'ambition des citoyens! on ne l'appercevra que par des effets dans ceux qui auront encore besoin de cet aiguillon pour soutenir le travail & les épreuves; elle deviendra presque nulle, peut-être même elle n'existera plus dans ceux qui n'auront plus qu'à recuillir ce que long-temps ils auront regardé comme le fruit de leurs travaux, & qui n'en sera plus pour eux qu'une pénible continuation.

Mais pour que telle soit l'ambition dans ses différents périodes, il faut qu'elle soit pure & sans mélange. Expliquons ceci.

Une autorité qu'on ne peut exercer que suivant les loix, & pour les faire exécuter, n'est desirable que comme l'est la gloire. Il faut que, dès l'enfance, un préjugé ait fait naître ce desir.

On la desirera donc, comme on désire la gloire.

On ne voudra y parvenir que par des moyens analogues à sa nature, de même qu'on ne marche point à la gloire par des sentiers honteux. On la desirera encore, comme on desire de faire du bien à ses semblables. La bienfaisance exclut dans les moyens tout ce qui est indigne de la fin.

Mais pour que l'ambition soit telle, &, si l'on veut, qu'elle se maintienne dans sa pureté, il ne faut pas que ce qui doit être desirable par ambition, le soit par avarice, par avidité, par le goût pour la licence. Trop de motifs & trop puissants se réuniroient alors pour rendre les emplois desirables, & trop de vices marqués pourroient y conduire, pour que les moyens illicites ne fussent pas mis en œuvre, & n'y fissent pas parvenir des hommes avides, non de l'autorité qui est bonne & sainte, mais des avantages que procureroit l'abus de l'autorité, qui est la plus grande des profanations.

Nous avons remarqué ce terrible inconvénient dans les Monarchies, lorsque nous avons parlé de l'ambition, des grades & des dignités, &, sans doute; il est pernicieux dans toute espece de Gouvernement: mais lorsqu'il vicie la recherche de l'autorité suprême, lorsqu'il domine dans l'institution des chefs d'une société, il y est plus funeste, en deux manieres, que dans la Monarchie héréditaire.

En premier lieu, les loix constitutives sont enfreintes, puisqu'on les viole quand on s'éleve à la Magistrature dans une mauvaise intention, & par de mauvais moyens, & aussi quand on contribue à une pareille promotion. Or, ici les violateurs des loix ſont le corps ſocial qui eſt le plus autoriſé pour les maintenir, & les individus qui vont être chargés de les faire exécuter.

Ainſi, en ſecond lieu, l'autorité, qui doit aſſurer aux loix leur exécution, ſe trouve dans des mains infidelles.

Il n'en eſt pas de même dans la Monarchie, où la loi n'admet que le titre fortuit, inaltérable & invariable de la naiſſance, puiſque, dans un pareil Gouvernement, au moins y a-t-il des loix qui ne peuvent être violées, & ce ſont celles qui aſſurent à la ſociété la plus grande de ſes reſſources, la ſainteté & la force du nœud qui l'unit, & la garantit de ſa diſſolution. Ces mêmes loix ſont encore les gardiennes de cette autorité pure & ſacrée, dont le bon uſage peut réparer beaucoup de maux, & procurer beaucoup de biens; & du moins celui en qui elle réſide, n'a-t-il point préludé à la violation de toutes les autres loix par le mépris de celles qui déferent l'autorité; du moins encore n'a-t-il point intérêt à affoiblir ou à abroger les loix qui ſont deſtinées à fortifier celles-là, & ont, avec elles, une liaiſon néceſſaire. Son intérêt, au contraire, eſt de les maintenir dans toute leur vigueur. Voilà donc dans les Monarchies une aſſez grande partie du code national que le dépoſitaire de l'autorité a intérêt de maintenir, & que l'ambition ne peut altérer, à moins que le Monarque, par un vice de la conſtitution, ou par le concours funeſte de circonſtances extraordinaires, n'ait des émules ou des envieux entre ſes ſujets.

Cette différence entre les Monarchies & les autres Gouvernements, explique ſeule pourquoi les tyrans, qui, dans différents temps, aſſervirent des ſociétés libres, furent les ennemis déclarés ou ſecrets de toutes les loix. Ils violoient les unes, parce que ce n'étoit qu'en les violant qu'ils pouvoient trouver dans le rang ſuprême le bonheur qu'ils y avoient cherché; ils violoient les autres, ou travailloient à les affoiblir, parce qu'elles dépoſoient contre l'injuſtice de leur uſurpation, ou qu'elles étoient analogues à celles qu'il leur avoit fallu enfreindre.

Un uſurpateur qui ſuccede à un Monarque légitime, eſt dans un cas très-différent de celui-là. Il n'a de loi à attaquer, que celles qui reglent la ſucceſſion; mais comme toutes les loix ſe tiennent, & qu'il n'y a point de raiſon pour que l'une ſoit plus ſacrée que l'autre, l'uſurpateur peut ſe trouver obligé à rendre douteuſe l'autorité de pluſieurs loix. Il n'a garde cependant de les attaquer toutes; & le plutôt qu'il peut, autant qu'il le peut, il leur rend à toutes leur autorité, à celles même dont ſon exiſtence eſt la violation continuée : car il aime mieux être Monarque légitime, qu'uſurpateur. Mais d'abord ſes efforts ſont vains pour rendre la nature de loix aux regles qu'il a violées, puiſqu'on ſe ſouvient encore que ces mêmes loix ont été impuiſſantes contre l'ambition & la force. Le droit du plus fort ſubſiſte donc tacitement, quoique la ſanction légiſlative paroiſſe lui avoir ſubſtitué une loi nouvelle. Tel eſt le cas où s'eſt trouvé, pendant pluſieurs ſiecles, un Royaume dans lequel la moins ſacrée des loix a toujours été celle qui fixoit l'ordre de la succession. Tel est encore le cas d'un Empire, où le sceptre n'est déféré au plus digne que pour être la proye du plus audacieux, jusqu'à ce que le temps ait consacré une loi moins belle en apparence, mais beaucoup plus sage que celle-là.

Que je sois né sous un Gouvernement monarchique, ou que je n'y sois pas né, ce que je veux dire ici n'en est ni plus ni moins vrai. Qu'on pese mes raisons, sans évaluer mon suffrage; & qu'après l'avoir fait, on me dise lequel vaut mieux de deux Gouvernements, dans l'un desquels toutes les loix sont continuellement en danger, tandis que dans l'autre, il y en a du moins une partie qui est à l'abri des entreprises de la corruption; partie qui, étant sauve, empêche du moins la mort de la société, & la conserve pour des temps plus heureux, malgré tous les coups que peuvent lui porter la dépravation des mœurs, & l'audace qui enfreint les autres loix.

Mais ce n'est point à la réforme des Gouvernements dans leurs loix constitutives, que tendent nos recherches. Nous voulons seulement dire que, comme les objets simples offrent des spéculations plus faciles, on ne doit pas trouver étrange, si, voulant parler de l'ordre suprême, nous prenons pour notre hypothese, non les Etats où cet ordre est compliqué par la maniere de sa formation & le nombre de ses membres, mais ceux où il ne consiste que dans un individu, & où cet individu est nommé par la loi, sans que les hommes doivent concourir à son institution.

CHAPITRE II.

Que le Souverain doit avoir des besoins moraux qu'il ne puisse satisfaire sans remplir ses devoirs. De quelle force doivent être les préjugés d'où naîtront ces besoins.

JE n'ai rien à dire sur le bonheur des Souverains, que je n'aye déja dit en parlant de celui des autres citoyens. J'en dois parler cependant, puisqu'ils sont hommes, & ont au bonheur le même droit qu'y ont tous les hommes.

Le malheur des Rois & des peuples prend sa source dans la mauvaise éducation que reçoivent les enfants des Rois; & peut-être est-il vrai de dire qu'aucun fils de Roi ne fut jamais bien éclairé. Ici reviennent nos principes sur l'éducation. Elle doit faire naître dans les citoyens moraux les besoins qu'ils devront vouloir satisfaire, pour qu'il soit pourvu aux besoins correspondants de la société.

Si l'on remplissoit ce plan dans l'éducation des Princes, ils chercheroient infailliblement leur bonheur dans ce qui feroit celui de la société dont ils seroient les chefs.

En eux, comme dans les autres citoyens moraux, on diminueroit les besoins physiques, & on les rempla-ceroit par des besoins de l'ame, qui seroient le résultat des préjugés qu'on leur inculqueroit. Pour eux, comme pour l'ordre qui vient après eux, les préjugés sont indispensablement nécessaires; ils doivent même être tellement enracinés, que le raisonnement, en paroissant les détruire, ne puisse en faire cesser l'effet. J'insiste là-dessus, parce que les Princes sont destinés à être entourés de corrupteurs, qui ne manqueront jamais de sophismes contre le bonheur des Rois & des peuples, au profit de quelques individus.

Je donnerai pour exemple de la force que doivent avoir les préjugés des Souverains, ce qu'on a vu faire à la société la plus habile qu'il y ait peut-être jamais eu sur la terre. Quel attachement ne savoit-elle pas inspirer pour elle, & pour la Religion par rapport à elle! Combien de Princes a-t-on vus ne garder, pour ainsi dire, de leur éducation & de la Religion, que leur vénération profonde pour cette société! Combien plus encore ont confondu la Religion avec elle, &, contre l'esprit & le dogme de cette Religion, se sont obstinés à croire qu'elle ne pouvoit se soutenir sans cet appui! La raison opérant sur la révélation & l'histoire de l'Eglise, devoit, sans doute, extirper ce fanatisme. Mais à la persuasion d'une nécessité rigoureuse, succédoit celle d'un besoin si extrême, qu'en vain avoit-on détruit la premiere erreur. Le préjugé ne cédoit à la raison, que pour se réproduire où elle ne l'attaquoit pas, & retourner delà où elle l'avoit déja terrassé.

C'est-là ce que j'appelle un préjugé à l'épreuve du raisonnement; & si celui-là a pu être produit par l'éducation, tel que je viens de le décrire, quel préjugé ne peut pas, par les mêmes moyens, être inculqué avec la plus grande force à ceux qui doivent régir la terre?

Car enfin, je viens de parler d'un préjugé très-déraisonnable, tel que le seront tous ceux qui feront dépendre le sort de la Religion de celui d'une institution humaine, ou qui opposeront les préceptes de la Religion aux maximes & aux conseils d'une saine politique. Or, je ne veux pas que ce soit de pareils préjugés qu'on remplisse la tête des Eleves dont je parle ici. Je n'en veux point qui ne soient avoués par la raison, soit que, par le raisonnement, on puisse démontrer la maxime à laquelle se réduit un préjugé, soit que ce préjugé, étant constitutif d'un besoin moral, il puisse être prouvé qu'il étoit utile & nécessaire de faire naître ce besoin. Mais je veux que les préjugés soient plus forts que le raisonnement; en premier lieu, parce que tous ceux qui font naître des besoins, peuvent être avantageusement combattus par cette voie, & ne peuvent être défendus que par leurs effets; & en second lieu, parce qu'entre ceux qui peuvent se transformer en raisonnements, sans rien perdre de leur force, ni de leur étendue, il n'y en a pourtant aucun qui ne puisse être obscurci par des sophismes si plausibles, que, pour peu qu'ils soient renforcés par le concours de quelque passion, ils céderont à celle-ci, pour toujours, s'ils étoient foibles, pour une fois seulement, s'ils avoient la force que j'exige : car je ne prétends pas que, dans aucun cas, un homme, quel qu'il soit, ne s'éloigne de ce qu'il croit être le meilleur, pour suivre une maxime du moment que font prévaloir les circonstances. Ainsi l'Auteur de notre Religion nous a appris à prier notre Pere céleste, de nous épargner les tentations, parce que nous ne devons jamais assez compter ni sur nos opinions, ni sur nos résolutions, pour croire que, dans aucune position, dans aucun temps, nous ne nous en écarterons. Le répentir est une vertu des hommes; & s'il est sincere, il fortifie la vertu.

CHAPITRE III.

Que le Prince est un homme purement moral. Quel soin on doit avoir de son corps. Que le jugement & la mémoire sont les deux facultés de son ame, qu'il faut le plus exercer.

LA moralité domine à un tel point dans la maniere d'être des Souverains, qu'à peine on devroit tenir compte du physique dans l'éducation qu'on leur donne; mais il doivent régner sur un peuple, & le peuple reçoit par les yeux la plupart de ses affections. De plus, l'ame, dans ses opérations, dépend beaucoup des dispositions du corps qu'elle anime, & qui l'appesantit plus ou moins. Il faut donc que l'éducation donne, autant qu'il est possible, aux Princes nés pour régner, les graces mâles & vigoureuses qui charment tous les hommes, & qui peuvent fortifier l'opinion dans laquelle est le peuple qu'à tous égards, il y a bien loin de lui au trône.

Il faut aussi employer toutes les précautions possibles pour qu'une santé robuste laisse à l'ame toute sa vigueur, lui prête tous les secours qu'elle en peut tirer, & dispense le Souverain de tous les petits ménagements dont on lui fait souvent un prétexte pour le détourner du travail, & l'entraîner dans des dissipations souvent plus dangereuses pour la santé même, & toujours funestes à la société, qui n'est plus régie qu'imparfaitement.

Il est sur-tout essentiel, à cet égard, de ne pas accoutumer un jeune Prince à s'occuper de sa santé ; car il ne faut pas qu'il soit abattu par la crainte, lorsque la maladie lui laisse assez de force pour continuer ses exercices, & opposer, pour ainsi dire, le mépris & l'indifférence à cet ennemi, qui ne devient souvent dangereux que parce qu'on tombe dans le piege qu'il a tendu. Il a déja fait le plus grand mal qu'il puisse faire, quand il a rendu inquiet, qu'il a donné des craintes, persuadé des ménagements, & fait naître un amour un peu fort de la santé.

Cet amour même, que je n'ai point interdit aux défenseurs de l'Etat, est indigne de la personne morale dont je parle ici ; car à peine ce doit être un homme.

Pour remplir un des objets dont j'ai reconnu la nécessité, il faut qu'un éleve royal se livre aux exercices du corps, mais sans passion, & sans excès. Sa santé y gagnera ; & plus son corps sera robuste, plus son ame sera indépendante. Il acquerra aussi les graces extérieures dont j'ai parlé : elles se plaisent à pater un corps vigoureux, & qui se repose lorsqu'on n'exige de lui que des mouvements ordinaires, ou des efforts médiocres.

Mais le Ciel préserve l'enfant qui doit gouverner un grand nombre d'hommes, de ce goût pour l'étude qui fait les sçavants, & de cette suffisance jointe à une précipitation puérile, qui fait les esprits faux !

Le travail qu'il faut lui faire aimer, est celui d'un premier Ministre; les recherches pour lesquelles il faut lui donner du goût, sont celles par lesquelles on s'instruit de l'état actuel des hommes & des choses. Les deux facultés qu'il faut le plus exercer en lui, sont celles qui se rencontrent le plus rarement ensemble, la memoire, & le jugement. Mais pour rendre leur alliance facile & durable, il faut que, dans un Prince, la mémoire naisse de l'habitude de réfléchir, & cette habitude doit être telle, que toute sensation, produite par un sens, soit ratifiée, s'il est possible, par un autre sens, & qu'une réfléxion ou une contention de l'ame pour considérer l'objet, soit la suite infaillible de chaque sensation.

Il n'est pas à craindre qu'un homme manque jamais de mémoire, quand il aura contracté une pareille habitude. Mais la mémoire naîtra en lui du jugement, loin qu'elle lui nuise.

C'est-là en quoi consiste, pour ainsi dire, toute la personne du Souverain. C'est, dis-je, par le jugement que l'on regne. Peut-on donner trop de soin, je ne dis pas à sa formation, car il fut sain dans tous les hommes, mais à la direction de ſon uſage? J'ai déja expliqué ma penſée ſur cette faculté eſſentielle de l'homme; & ſi l'on ſe ſouvient de ce que j'en ai dit, on concevra aiſément ce que je veux dire ici.

Mais comme rien n'eſt plus important dans l'éducation des Princes, & dans celle de tous les hommes, que ce qui à rapport à la faculté de juger ou de raiſonner, je ne dois pas paſſer légérement ſur cet article. Il eſt vrai de dire, à bien des égards, que toutes les fautes que les hommes commettent, ſont, au moins dans les principes des égarements de leur eſprit, beaucoup plus que de crimes de leur cœur. C'eſt par ce qu'ils ſont dans l'erreur, qu'ils cherchent leur bonheur où il n'eſt pas. Une ou deux maximes erronnées conduiſent un homme à la roue, ou à la conquête d'une Province, dont l'acquiſition fera ſon malheur après avoir fait celui d'un milion d'hommes.

Nous pouvons cependant obſerver qu'il y a ici une très-grande différence entre l'ignorance & l'erreur, & que l'on ſe méprendroit beaucoup, ſi, de l'aſſertion que nous venons d'avancer, on concluoit qu'il ſuffit d'éclairer les hommes pour les rendre meilleurs. Pluſieurs faits & l'exemple même de tous les ſiecles dépoſeroient contre cette maxime. Ce problême, étroitement lié avec la matiere que nous traitons, mérite bien que nous en cherchions la ſolution.

CHAPITRE IV.

L'erreur faisant tous nos torts, ce qu'on doit penser de la science & de l'ignorance relativement à la moralité des actions, & à ce qu'on appelle conduite.

SI quelquefois les hommes très-éclairés valent mieux que d'autres, on peut opposer à ces exemples, ceux d'un plus grand nombre encore d'hommes très-ignorants, qui valent, pour le moins, autant que les premiers; & qu'on examine de près la chose, on trouvera que les Savants doivent leur probité à la même tournure d'esprit qui les a portés vers les sciences, & à l'occupation que celles-ci leur ont donnée, mais que rien n'en est dû à la science elle-même.

L'extrême ignorance a aussi ses exemples de vertu, & peut-être en plus grand nombre que la science, si, dans cette ignorance, on ne comprend pas celle de la Religion ou de la morale consacrée.

Mais si ce que je dis ici est vrai, l'erreur, qui est la cause prochaine ou éloignée de tous les crimes, n'est donc pas celle qui est l'opposé des vérités, à la connoissance desquelles on s'éleve par l'étude & l'application. Autrement celui qui auroit le plus étudié, seroit aussi le plus irréprochable dans sa conduite & dans ses mœurs. Partageons cette discussion, en distinguant les fautes & les crimes, la conduite & les mœurs.

Par-tout où domine une Religion, dont la morale eſt pure & ſainte, il eſt aiſé d'en ſavoir autant qu'il faut pour régler ſes mœurs, ou pour éviter les crimes. Quelques principes généraux très-ſimples, un petit nombre de maximes, & la volonté de s'y conformer, avec la perſuaſion qu'on ne ſera pas innocent pour s'être ſéduit ſoi-même par un ſophiſme : voilà à peu près tout ce qu'il faut pour faire un honnête homme, c'eſt-à-dire un citoyen attaché à ſes devoirs.

Quant à la volonté, elle naîtra de l'exemple, de l'habitude, & ſur-tout de l'intime perſuaſion dans laquelle on ſera, qu'il eſt très-indifférent au bonheur en cette vie, qu'on ait plus ou moins, qu'on ſoit dans tel rang ou au-deſſous; mais qu'il n'y a nulle proportion entre ce qui eſt temporel, & ce qui eſt éternel.

Qu'un homme, imbu de ces maximes dès ſon enfance, devienne ſavant, parce que ſon penchant dominant l'aura porté à l'étude, il ne deviendra pas meilleur qu'il étoit; tout au plus il fera plus de bien, parce qu'il aura plus de moyens, & le fera avec plus de diſcernement. Mais il ſera très-poſſible qu'en acquérant aſſez de ſcience pour être réputé très-ſavant, il perde celle qu'il avoit.

Il diſcutera les regles de la morale, qu'il dépouillera de la ſanction divine, & qui ne feront plus pour lui que les conſéquences d'une hypotheſe. Il aura perdu de vue les exemples domeſtiques, ou ils ne feront plus reſpectables pour lui; l'habitude de penſer & d'agir d'une certaine maniere aura été interrompue en lui par une grande diſtraction qu'auront occaſionnée une infinité d'autres penſées, & la multiplicité d'opérations en quoi conſiſte l'étude; enfin, la croyance de la vanité du monde qui paſſe, & de l'importance de ce qui eſt éternel, ſera dans ſon eſprit une opinion ſouvent problématique, & non une perſuaſion intime plus enracinée encore dans ſon cœur que dans ſon eſprit.

Si, pour lors plus élevé qu'auparavant, plus exposé aux vents qui agitent la ſurface de cette mer, il ſe laiſſe entraîner par l'un d'eux, il n'aura plus pour ſe conduire, ou aura plus foiblement qu'un autre, l'eſpece d'inſtinct qui naît de la premiere éducation; & dans l'agitation des tempêtes, pourra-t-il raiſonner avec aſſez de ſang froid pour retrouver l'enchaînement de principes & de conſéquences, qui, à l'aide d'une combinaiſon difficile, & ſur une hypotheſe preſque gratuite, l'avoit conduit à une maxime équivalente dans ſon énoncé à un précepte conſacré, mais qui eſt pour lui ſans autorité, parce que c'eſt lui-même qui ſe l'eſt faite?

Il eſt remarquable que l'homme ne peut s'étendre d'un côté, ſans perdre de l'autre.

A meſure qu'il acquiert la raiſon, plus excellente, ſans doute, que l'inſtinct, mais ſouvent moins ſûre, il perd celui-ci, qui lui étoit commun avec les animaux.

Sa premiere éducation lui fournit un ſecond inſtinct par l'aſſemblage de ſes premieres notions, des premiers préceptes qui lui ont été donnés, des premiers exemples qu'il a vus, des premiers raiſonnements qu'il a faits; & ce ſecond inſtinct, plus noble encore, mais moins ſûr que le premier, & plus fortuit, ſuffit pour le conduire, & ſouvent très-bien & très-ſûrement.

Si, dans la suite, il rappelle à l'examen tout ce qui entre dans la composition de ses préjugés, & qu'il fasse la censure de ses habitudes, c'est un grand hasard, s'il ne prend pas à gauche dans cette opération ; & en supposant qu'il la fasse avec succès, il a perdu pour sa conduite la sûreté des premieres impressions & des premieres habitudes, pour acquérir des notions plus justes & plus étendues, des regles de conduite mieux énoncées & plus systématiques, mais qui toutes, ou presque toutes, se combinent mal avec des penchants indestructibles, ne peuvent leur résister, ou peuvent toujours être remises en doute, en les prenant d'un nouveau côté, & deviennent douteuses au moment où leur certitude devroit être un port assuré contre le naufrage. Concluons delà que la science ne nous rend pas meilleurs, quoique l'erreur fasse toutes nos fautes & tous nos crimes. Il y a donc une grande différence entre l'erreur ; & l'opposé de la science, qui est l'ignorance. Il est pourtant vrai, d'un autre côté, que l'erreur est une suite de l'ignorance ; & que quiconque sauroit tout, ne pourroit tomber dans l'erreur. Seroit-il pour cela impeccable ? C'est ce qu'il est inutile d'examiner, puisque cet homme n'a jamais été, & ne sera jamais. Je dirai pourtant que pour qu'un homme, sachant tout, fût pour cela impeccable, il faudroit qu'il sût tout, autrement qu'un homme ne le peut savoir ; qu'avec l'entiere conviction marchât toujours la séduisante persuasion, & que, dans tous les moments de sa vie, il eût également présent ce dont à chaque moment la vue claire & distincte lui seroit nécessaire pour sa direction.

Rappellez-vous cette femme vertueuse, à qui tous ses devoirs étoient si chers, que la Religion enchaînoit plus fortement encore que le préjugé, qui, pour rien au monde, n'eût voulu commettre la moindre injustice, ni ne se fût permis une médisance. Vous parvîntes à lui plaire, parce qu'elle vous trouva quelques vertus, & vous en supposa d'autres; elle cessa d'être en garde contre vous; elle vous laissa approcher d'elle. Vous voulûtes saisir l'occasion pour la séduire. Quelle eut de peine à vous repousser! C'étoit dans ses reins que s'étoit élevée une fougueuse tempête. L'agitation s'en communiquoit à son cœur; sa tête alloit aussi se perdre; elle étoit déja perdue; mais par l'impression de sa premiere volonté, sa langue & ses mains vous repoussoient encore. Vous laissâtes échapper la victoire, lorsqu'elle étoit à vous. Elle s'en applaudit en gémissant. Elle remercia Dieu avec trouble de n'avoir pas succombé; elle se promit bien de rester toujours victorieuse, puisqu'elle étoit sortie d'un si grand danger, sans avoir été vaincue. Vous reparûtes le jour suivant. Votre vue rappella le combat de la veille. Un regard embarrassé commençoit à vous intimider. Mais le sang reprenoit la route que votre vue, que vos caresses, que l'idée de ce que vous vouliez faire, lui avoient fait prendre; il la reprit avec plus de violence. Ce ne fut plus une tempête; ce fut un brasier qui s'alluma dans la ceinture de Vénus. Il embrasa tout en un instant; & celle qu'il consumoit ne se reconnut, ne revint à elle-même, que lorsque vous l'eûtes éteint. Alors elle vous accabla de reproches, en vous regardant d'un air languiſſant ; vous crûtes que c'en étoit fait, & que votre premier triomphe ſeroit le dernier. Vous vous trompiez. Vous ne deviez être un ſcélérat que juſqu'à ce que la nature eût attiſé un nouveau braſier que vous éteignîtes encore.

Vous vous êtes ſouvent répenti d'avoir fait faire naufrage à une vertu juſqu'alors entiere. Répentez-vous-en aſſez pour ne plus deſirer un pareil triomphe, mais mettez des bornes à vos regrets. Cette femme eſt encore vertueuſe, & elle ſait de plus qu'il y a des épreuves auxquelles il ne faut pas mettre ſa vertu. On le lui avoit dit. Elle l'avoit cru long-temps. Quelques demi-épreuves lui avoient donné de la préſomption. Elle en a été punie, & la voilà tirée d'erreur.

Mais combien d'héréſies n'a-t-elle pas faites en matiere de morale, lorſqu'elle voloit au-devant de vous pour vous recevoir dans ſes bras ! Etoit-ce ignorance ? Etoit-ce erreur ? Elle connoiſſoit ſes devoirs ; elle ſavoit que c'eſt trop payer un moment de plaiſir, que de l'acheter par des regrets éternels ; elle ſavoit bien d'autres choſes encore : mais, ſans doute, elle en ſavoit quelques-unes de trop, & quelques autres de trop peu ; elle raiſonna à contre-temps ; & comment raiſonne-t-on, lorſque la paſſion eſt forte, & dans le moment où elle eſt exaltée ? Cet exemple prouve trop, ſans doute, dans l'endroit où je l'employe, parce qu'il y eſt queſtion d'une paſſion trop puiſſante par la ſeule nature, pour que la raiſon puiſſe lutter contre elle autrement qu'en évitant le combat : mais on voit par-là ce que ſignifie ce que j'ai dit, que l'homme ne ſera aſſez fort par la seule raison, qu'autant qu'il aura présent ce dont à chaque moment la vue claire & distincte lui sera nécessaire pour sa direction. C'est ce que nul homme ne peut se promettre, si de grandes passions se trouvent en contradiction avec son devoir; &, dans ces cas, j'ose le dire, plus il sera savant & éclairé, plus son esprit, excité & égaré par son cœur, lui fournira de sophismes, pour excuser ce que, dans un autre temps, & dans une autre Province, il n'eût pas hésité de condamner.

En pareil cas, un préjugé, qui auroit affoibli la passion, eût été dix fois plus utile que le meilleur raisonnement. Nous avons peine à le croire, & delà vient que nous admirons la vertu où elle se plaît davantage. Elle nous étonne chez ces gens simples qui n'ont de besoins que ceux de la nature, & de lumiere que l'adhésion simple & sincere à un petit nombre de préceptes qu'ils conçoivent, & ne commentent pas. Ce seroit à eux à s'en étonner, si nous étions vertueux. Comment, pourroient-ils dire, après avoir mangé tout le fruit de l'arbre qui donne la science du bien & du mal, ces Docteurs croyent encore être obligés, comme nous, à observer les mêmes préceptes? Eh comment, d'ailleurs, peuvent-ils satisfaire tant de besoins que nous n'avons pas, sans violer ces préceptes? Le bien d'autrui doit suppléer au leur; la femme d'autrui les délasser de la leur; la réputation remplir par la médisance tant de moments vuides, & leur fournir l'équivalent de tant de défauts qu'ils se connoissent à eux-mêmes; l'autorité s'accroître dans leurs mains par tous tes sortes de moyens, pour le besoin qu'ils en ont; & y être exercée pour leur plus grand profit. Il faut le leur pardonner, s'ils en usent ainsi; & de plus, ils ont tant d'esprit, qu'ils doivent bien trouver moyen d'arranger tout cela. Ainsi pourroient raisonner ces hommes simples & vertueux, sur qui nous croyons que nos lumieres nous donnent de grands avantages; & s'ils raisonnoient ainsi, se tromperoient-ils beaucoup? Encore une fois, comptons peu sur les lumieres, lorsqu'il s'agit d'éviter le mal & de faire le bien, & croyons que l'erreur qui fait tous nos torts, est beaucoup plus dans notre cœur que dans notre esprit; c'est-à-dire, que notre cœur, déja décidé par une passion forte, ne consulte pas l'esprit, ou lui suggere la réponse.

C'est donc moins à donner des lumieres qu'à régler les penchants, que doit tendre l'éducation, & sur-tout celle que l'on donne aux Princes qui doivent un jour gouverner un grand nombre d'hommes. Il y a des raisons particulieres d'en user ainsi, que nous aurons encore occasion de développer; mais la plus forte est, que l'esprit est d'autant plus foible contre le cœur, que les passions sont plus fortes, & les motifs d'y résister moins pressants. Or, c'est le plus souvent le double cas dans lequel se trouvent les Princes.

Quant à la conduite, il semble que ce ne soit pas une question, si le plus ou le moins de lumieres peut la rendre ou meilleure ou plus mauvaise. Cependant entre ces deux extrêmités, il y a encore un milieu; car ce plus ou ce moins peut n'avoir aucune influence sur la conduite, & c'est peut-être ce qu'il y a le plus généralement vrai, quoiqu'il paroiſſe que mieux on connoît la route, & plus il devroit être facile de ne pas s'égarer : mais une expreſſion métaphorique n'eſt point une preuve, & la néceſſité des métaphores eſt peut-être ce qui a le plus nui à la morale. Ce ſeroit une abſurdité de dire que, pour bien connoître la route, on n'en eſt pas moins expoſé à s'égarer; mais en morale, c'eſt tout au plus un paradoxe.

En écartant de cette queſtion toute idée de bien & de mal moral, il reſte vrai que les penchants influent beaucoup ſur la conduite, non-ſeulement en nous faiſant faire autre choſe que ce que nous penſons nous-même être le meilleur, mais encore en nous rendant probabiliſtes dans toutes les occaſions où nos penchants ſont intéreſſés.

En pareil cas, il nuit beaucoup d'avoir aſſez de lumieres pour connoître pluſieurs routes dont la direction paroît la même. Il faudroit en avoir aſſez, me direz-vous, pour voir que la direction vers un même but n'eſt qu'apparente, & que la divergence eſt très-réelle, & finit par être très-grande. Cela eſt bientôt dit ; mais exigez la même choſe de chaque homme en chaque occaſion, & tout homme ſera un ange, & non par un homme. Il eſt bien plus court de faire un homme aſſez ſenſé, aſſez maître de ſes paſſions, pour qu'il n'ait pas beſoin de toutes ces connoiſſances, & que, ſans tant de diſcuſſion, il prenne la route qui le plus probablement eſt la meilleure.

C'eſt une affaire de tact, beaucoup plus que de raiſonnement, pourroient dire ceux qui aiment les jolies phrases. Je dirai plus simplement, qu'un jugement confus, qui est le résultat de plusieurs raisonnements & de plusieurs expériences, & qui, par son effet, ressemble à l'instinct, nous détermine plus sûrement que la réflexion; mais non pas encore que la réflexion en elle-même ne vaille autant & mieux que ce jugement confus.

C'est ce que je me garderai bien d'avancer, pour ne pas me mettre dans la nécessité de le prouver. La réflexion ou le raisonnement est alors ce qu'est un Avocat auquel on n'a recours que pour les causes désespérées. On ne raisonne le plus souvent que pour s'autoriser soi-même à ne pas faire ce que, dans le fond, on croit le meilleur; mais qu'on raisonne sans passion, & le plus souvent la réflexion ne servira qu'à confirmer le choix que nous aurons fait en vertu de ce jugement confus dont je viens de parler, & qui peut-être est la base de ce qu'on appelle un gros bon sens.

Remarquons à cette occasion que les hommes qui en sont doués n'ont ni de grandes lumieres, ni de grandes passions, & rappellons-nous ce que nous avons souvent oui dire, que, pour la conduite de la vie, le bon sens vaut mieux que l'esprit.

CHAPITRE V.

Quelle doit être la ſcience d'un Prince.

RIEN, ſans doute, n'eſt plus dangereux qu'un homme qui, ſachant à demi beaucoup de choſes, eſt obligé d'agir beaucoup, & dont toutes, ou preſque toutes les actions intéreſſent la proſpérité d'un grand nombre d'hommes. Celui-là ne ſeroit peut-être pas moins dangereux, qui, dans le même cas, ſauroit tout ce qu'un homme peut ſavoir. D'Agueſſeau étoit ſi ſavant, & voyoit ſi bien le pour & le contre dans chaque affaire, qu'il ne ſavoit jamais quel parti prendre. Chauvelin, moins ſavant que lui, le faiſoit plaider, & jugeoit.

Quel homme dans le monde agit plus qu'un Roi, ou de qui les actions plus que les ſiennes intéreſſent-elles un grand nombre d'hommes ? Rien n'eſt, pour ainſi dire, indifférent. Un geſte, un ſourire, ſont une ſentence bonne ou mauvaiſe. Il n'y a point de matiere qui doive lui être étrangere. Doit-il donc tout ſavoir à fond ? Il ſeroit très-ſavant. Or, il ne peut preſque pas l'être, & il n'eſt pas décidé que, pour l'être, il fût meilleur. Doit-il ſavoir à fond quelques parties, & être ſuperficiel ſur les autres ? C'eſt à quoi il y auroit d'extrêmes inconvénients par plus d'une raiſon. Les parties de l'adminiſtration qui ſeroient liées avec la ſcience favorite du Prince, attireroient, ſans doute, ſa principale attention, parce qu'il ſe ſentiroit plus de facilité à les traiter; mais dès-lors il négligeroit infailliblement les autres : il ne manqueroit pas de déranger les proportions qu'il doit y avoir entre toutes les parties, & il feroit du moins vraiſemblable qu'il feroit de grandes mépriſes dans la partie même qu'il affectionneroit, parce qu'il y auroit une infinité de choſes qu'il ne verroit que d'un côté, & non dans leurs rapports très-variés avec les différentes branches de l'adminiſtration.

Reſte donc à dire ou qu'un Prince ne doit rien ſavoir, ce qui n'eſt pas propoſable, ou qu'il doit tout ſavoir ſuperficiellement. Cependant il paroit généralement convenu qu'une connoiſſance ſuperficielle des choſes eſt ce qui rend d'ordinaire les hommes également impropres à tout, & pernicieux aux perſonnes & aux choſes dont ils veulent ſe mêler.

Si tel eſt le ſavoir ſuperficiel dans ſes effets, & qu'il ne puiſſe en avoir d'autres, gardons-nous bien de donner ce nom au genre de connoiſſances que doit avoir un Prince deſtiné à gouverner les hommes, & cherchons un autre nom à l'eſpece de ſcience qu'il doit avoir; mais il me ſera plus facile de la décrire, que de la nommer & de la définir.

Qu'il ait une idée nette des choſes, & contracte l'habitude de ne jamais aſſembler deux idées qui ne lui préſentent que des notions imparfaites. Des définitions exactes feront donc la plus grande partie de la ſcience que je deſire dans les Princes.

Peu de maximes ſur-tout; & que le peu qu'on leur

en apprendra ſoient très-générales. Les mauvaiſes applications de maximes bonnes en ſoi, ont fait preſque tous les mauvais Princes.

Ne ſouffrons point que le nôtre devienne un contemplatif, & prenne du goût pour l'étude. Ce goût ſeroit en diminution de celui qu'il doit avoir pour le travail & pour l'action, & c'eſt en partie pourquoi j'ai dit qu'un Prince ne peut devenir très-ſavant. Il faut donc que des définitions, il paſſe en droiture à la vue des choſes, & à leurs combinaiſons effectives. O vous! qui voulez avoir un ſucceſſeur qui acheve le bien que vous avez commencé, & faſſe celui que vous avez négligé, donnez-vous de garde d'éloigner ce jeune homme de la connoiſſance des affaires; que ſon précepteur ſoit auſſi inſtruit que votre premier Miniſtre, & lui mette ſous les yeux tous les details de l'adminiſtration. Ce ſont-là les choſes qu'il doit ſavoir: que les comptes de finances, les reglemens militaires, les loix de police, un traité qui reſte à faire des droits & prérogatives de tous les corps & de toutes les claſſes de la nation; que tels, dis-je, ſoient les auteurs claſſiques de votre éleve.

Que ſes heures de récréation ſoient employées à voir de ces choſes ce qui peut être vu; que ſur-tout il ait ſans ceſſe occaſion d'exercer ſon jugement, ſoit en écoutant, ſoit en diſcutant lui-même; qu'il ſoit juge auſſi ſouvent que l'occaſion s'en préſentera, & que ſes jugements ſoient corrigés avec ſévérité; qu'enfin il acquierre, le plutôt poſſible, la plus grande expérience poſſible des hommes & des choſes, & que par-là devienne générale en lui cette faculté de juger ſans réflexion, à laquelle nous avons donné le nom d'inſtinct.

Contre les paſſions, donnez-lui le frein de la Religion, & que celle-ci, comme tout le reſte, conſiſte principalement en définitions claires, juſtes, préciſes; qu'il en apprenne les détails dans les Livres ſaints, mais qu'il n'en ignore pas non plus l'hiſtoire. Elle eſt trop intéreſſante pour les Princes, par tant de ſottiſes que d'autres Princes ont faites, en s'en mêlant mal-à-propos.

CHAPITRE VI.

Plan d'éducation pour les Princes qui doivent régner.

IL ne faut pas qu'un Prince qui doit régner, c'est-à-dire qui doit agir & régir, prenne du goût pour l'étude, & de l'aversion pour les détails de l'administration; car l'un naît aisément de l'autre. Mais il ne faut pas non plus qu'il haïsse la lecture; tout chez lui doit être connoissance des choses, raisonnement sur leurs rapports, & expérience. Il faut donc qu'il voye tout ce qu'il peut voir; qu'il mesure tout ce qui peut être mesuré. Ce ne sera pourtant, pourroit-on me dire, que l'expérience d'un enfant. J'en conviens; mais les hommes les plus sages, qu'eurent-ils autre chose? On auroit pu, sans leur nuire beaucoup, leur ôter tout ce qu'ils avoient acquis autrement que par l'expérience & leurs propres réflexions. Ajoutons cependant à cette expérience celle de tous les hommes, de tous les siecles, & de tous les pays. Que notre éleve soit géographe, voyageur, historien; que ces sortes de lectures soient son délassement le plus ordinaire.

Mais qu'on ne mette pas trop de choix dans les livres qu'on lui mettra entre les mains. Ne lui donner que ceux qui seroient écrits sur un ton, ou qui favoriseroient un parti, une secte, une façon de penser; ce seroit l'accoutumer à ne voir les choses que d'un côté, & à n'entendre que d'une oreille. La critique du bon ſens, qu'il acquerra en s'habituant à ſe décider entre les différents Auteurs & leurs opinions, ſera pour lui un merveilleux apprentiſſage de cette ſage critique, qui empêche un Prince d'être ſéduit par les flatteurs, trompé par les menteurs, & aſſervi par les factions.

Dans l'état actuel de l'éducation chez tous les peuples, il n'y a aucune harmonie à établir entre l'éducation que doit recevoir le Souverain, & celle que reçoivent les autres citoyens. Eh, que penſeroient nos peres, que penſera la poſtérité, ſi, en ce point, elle eſt plus ſage que nous, quand elle ſaura que, de notre temps, les enfants des Rois & les enfants de chœur reçoivent à peu près la même éducation? J'aimerois mille fois mieux que l'éducation en fît de bons laboureurs. Ce ne ſeroit pas un mauvais Roi qu'un Roi cultivateur. Et ſi c'étoit un Klijogg, heureuſe la nation qu'il gouverneroit! Admirez le bon ſens de cet excellent homme; méditez ſes maximes; & dites-moi ſi le bon ſens ne vaut pas mieux que la ſcience, quand un heureux haſard l'a développé dans un eſprit ſimple & droit? Dites-moi auſſi s'il vous reſte le moindre ſcrupule ſur l'équité des claſſifications, quand, dans l'avant-derniere claſſe, vous trouvez un homme plus heureux que les Rois, non à l'aide d'une pénible & trompeuſe philoſophie, mais par la ſeule jouiſſance des biens que ſon état lui offre dans l'accompliſſement de ſes devoirs? Je n'ai pas encore achevé la lecture des choſes mémorables de ce nouveau Socrate, & j'en ſuis dans l'admiration. Combien peu il y a loin d'un homme à un autre homme,

homme, d'une profeſſion à une autre profeſſion dans l'ordre naturel ? Je trouve les devoirs de la Royauté dans ceux que remplit Klijogg ; je trouve les plus ſages maximes du Gouvernement dans celles qu'il ſuit ; je trouve la meilleure éducation que puiſſent recevoir les Princes dans celle qu'il donne à ſes enfants. Il leur fait cultiver un jardin, en attendant qu'ils puiſſent travailler aux champs avec lui. Il n'y a de différence entre ſon travail & le leur, qu'en proportion avec la différence de force. Quel rapport y a-t-il entre les occupations d'un jeune Prince & celles de ſon pere, ou celles du moins auxquelles devroit ſe livrer celui-ci ?

C'eſt une choſe étrange que tous les autres arts s'enſeignent moins qu'ils ne ſe pratiquent par ceux qui doivent les apprendre, & que celui-ci, le plus important de tous, ſoit le ſeul auquel on ne s'exerce point, & dont l'enſeignement ſoit réduit à une théorie très-imparfaite. Mais ce qu'il y a de plus merveilleux encore, eſt que l'éleve qui ne régit pas pour apprendre à régir, qui, à bien des égards, n'obéit pas pour apapprendre à commander, ne ſoit pourtant rien autre choſe juſqu'au moment où il ſuccede ; & que ſi le trône venoit à lui manquer, il ne ſeroit bon à rien, à moins peut-être qu'on n'en fît un muſicien, un chaſſeur ou un Séminariſte.

Dans l'hypotheſe des Livres précédents, je voudrois qu'un jeune Prince, dès qu'il auroit paſſé ſa ſeptieme année, ne demeurât gueres plus chez ſon pere, qu'entre les mains des femmes. Je le ferois partir avec un très-petit cortege pour aller faire la tournée des Académies provinciales. Ce ne feroit point un voyage; ce feroit un véritable cours d'étude.

L'éleve national, ce feroit ainsi qu'on appelleroit cet étudiant d'une espece nouvelle, passeroit tout le temps des études dans une des Académies de la Province, sans pourtant fréquenter les classes qu'autant qu'il le voudroit, & non pour étudier, mais pour juger. Il auroit part à toutes les parties du gouvernement académique, sans en excepter l'administration des revenus dont on lui rendroit compte. Enfin, il feroit, pendant tout l'hyver, le Roi de l'Académie, mais Roi actif & attentif. S'il vouloit se familiariser avec les éleves, on ne l'en empêcheroit pas; mais on feroit en sorte que ce fût toujours de maniere que, dans les choses essentielles, & le plus souvent, mais non toujours, la supériorité lui restât. Lorsque commenceroient les mois d'exercice, l'éleve national quitteroit l'Académie où il auroit passé l'hyver, & parcourroit toutes les autres Académies de la Province, dont il verroit les exercices, & entendroit les répétitions de chacune pendant quelques jours. Ce feroit son occupation jusqu'aux vacances.

Pendant cette derniere partie de l'année, il parcourroit encore la Province, non plus pour aller dans les Académies, mais pour visiter la Noblesse dans tous ses cantons, chaque communauté régionnaire dans son chef-lieu, &, dans chaque région, une ou deux communautés rustiques, comme dans chaque canton, outre le Président, deux ou trois Gentilshommes des plus aisés & des moins aisés.

Chez les Présidents, l'éleve national feroit connoisſance avec toute la Nobleſſe du canton, & prendroit des notions exactes des revenus, de la force & du régime du College.

Chez les pauvres Gentilshommes, il verroit de près l'aiſance dans la médiocrité, l'économie ſans baſſeſſe, & le contentement ſans richeſſe.

Dans le chef-lieu des communautés régionnaires, on lui rendroit compte de l'étendue, du nombre des habitants, & des revenus de la région. On lui en feroit auſſi connoître le régime, les beſoins, les reſſources, le commerce, les productions.

Dans les communautés ruſtiques, il verroit la derniere organiſation de la grande ſociété, telle à peu près que ſont les filaments preſqu'inſenſibles qui ſucent la terre pour fournir à l'arbre la ſeve qui le nourrit & le fait croître.

Ce que je viens de dire pour une année & une Province, je le dis pour toutes les années & toutes les Provinces, juſqu'à ce que l'éleve national ait achevé ſa dix-ſeptieme année, & ait parcouru toutes les Provinces. Il y a ſeulement une double exception à faire. C'eſt que le Prince pourra prolonger ſes courſes & ſes études juſqu'à ſa dix-neuvieme année, ſi rien ne lui impoſe un devoir incompatible avec celui-là, & qu'auſſi, vers la fin de ce terme, il pourra viſiter plus d'une Province en une année, ſi le nombre des Provinces eſt trop grand pour qu'il puiſſe donner à chacune une année entiere.

Quand l'éducation publique de l'éleve national ſera finie, il paſſera une année entiere avec ſon pere, s'il eſt aſſez heureux pour n'être pas encore orphelin, ou avec ſon Lieutenant-Général, s'il eſt déja en poſſeſſion du redoutable emploi auquel il ſe ſera ſi peu préparé. Au bout de cette année, il commencera à régner, ſi ſon prédéceſſeur n'eſt plus ; il commencera le noviciat de la Royauté, s'il n'eſt pas encore obligé de l'exercer.

Il ira prendre le Gouvernement de la Province par laquelle il aura commencé ſa premiere tournée. Mais en quoi conſiſtera l'autorité d'un Gouverneur dans notre hypotheſe ? Le voici.

L'héritier préſomptif ſera Préſident du College provincial pour la Nobleſſe, & aura pour aſſiſtant dans ce département, le Préſident ordinaire. Il ſera Inſpecteur Royal pour la Généralité, & ſon aſſiſtant en cette qualité ſera l'Inſpecteur ordinaire. Enfin, il commandera les camps dans la Province, ayant pour Aides-de-camp ceux qui auroient dû les commander.

Au bout de trois ans, il paſſera à une autre Province, & ce devra être une Province frontiere ; au bout d'un an, à un autre, & ainſi de ſuite, juſqu'à ce qu'il ait commandé ſur toutes les frontieres.

Il retournera pour lors paſſer une année entiere auprès de ſon pere ; & cette année finie, il ira commander dans les Provinces intérieures qui n'auront pas encore eu le bonheur d'être ſous ſon Gouvernement.

Qu'on ne croye pas, au reſte, que ce doive être une dépenſe conſidérable que celle qu'exigeront les voyages de l'éleve national, & les commandements du ſucceſſeur préſomptif.

Son cortege habituel en la premiere qualité, ſera

d'un Chevalier, d'un Aumônier bénéficier, d'un Académicien, & d'un domestique. Chaque canton lui donnera son escorte, quand il voyagera dans chaque Académie ; il trouvera des Gentilshommes, des Pages, & une compagnie ordinaire, qui sera celle des vieillards.

Le College du canton pourvoyera seul à cette augmentation de dépense, à raison d'un nombre de salaires pour chaque personne, qui sera déterminé.

Les fraix du commandement seront plus considérables ; mais aussi le poids en sera plus partagé. L'héritier présomptif n'aura d'autre cour que celle que lui fournira la Province.

Les Villes lui donneront des valets de toute espece. Les communautés régionnaires choisiront d'entre leurs aisés un certain nombre de Secretaires, qui tous n'en feront pas les fonctions ; & ceux qui ne les feront pas, serviront du moins à grossir la cour du Prince. Chaque canton lui donnera un Gentilhomme, avec titre de Chambellan. Une députation du College provincial, avec l'Inspecteur Royal, formera son Conseil. Un Chevalier de la Province sera Grand-Maître de sa Maison, & aura entrée au Conseil. Un député de la Généralité en sera l'Intendant.

Les cantons donneront des gages suffisants à tous les Nobles qui seront auprès du Prince, & au Chevalier. Les Communautés payeront aussi ceux qu'elles lui auront donnés. La Généralité payera les dépenses communes de la Maison du Prince. Celui-ci recevra de son pere une modique somme pour sa dépense personnelle.

Mais j'aurois pu supprimer ces détails. Peut-il en coûter trop pour le noviciat d'une profession, dans l'exercice de laquelle réside le bonheur d'une nation! Et combien ne seroit-il pas heureux d'avoir trouvé un moyen, quel qu'il fût, d'assurer l'éducation d'un cytoyen qui est le seul de son ordre; & qui ne devant point avoir de collegues, ne peut avoir de compagnons!

C'est, sans doute, une chose bien difficile, (aussi n'est elle pas moins rare,) que le succès d'une éducation que n'a point reçue celui qui la donne, dont il n'a pu faire ni l'apprentissage, ni même l'essai, parce qu'il la donne pour la premiere fois, dont il n'a vu ni exemple, ni modele, parce qu'elle est unique dans le même temps, & ne se répete que rarement.

Mais c'est une raison de plus pour réduire cette éducation à des formalités aisément déterminables, possiblement utiles à un grand nombre d'égards, & nécessairement à quelques-uns, indépendante, autant qu'il est possible, des qualités bonnes ou mauvaises d'un ou deux individus, mais produisant, le plus qu'il est possible, une harmonie nécessaire entre les mœurs du premier ordre, qui est le Souverain, & celles du second, qui doit être une relation immédiate & continuelle avec le premier.

On ne craindra point qu'un homme vertueux, mais superstitieux, honnête, mais minucieux, éclairé, mais sans jugement, ami des hommes, par son cœur, mais leur ennemi par ses mauvais principes; on ne craindra point, dis-je, qu'un homme de l'un de ces caracteres, ou de quelqu'autre également défectueux, s'empare à lui ſeul d'un éleve national, ferme exactement l'accès à tout autre enſeignement que le ſien; & après pluſieurs années d'une détention pour le moins ſuſpecte, préſente à la nation un homme qui n'eſt pas fait pour elle, & qui, pour lui convenir, devroit oublier autant qu'apprendre, perdre autant d'habitudes, qu'en gagner.

Qu'on ne me demande point pour les éleves nationaux un autre cours d'études que celui que je leur ai donné. Le reſte eſt dans le cours des voyages que je leur preſcris, dans la facilité de tout voir, de tout entendre, de s'inſtruire à toutes ſortes d'écoles, ſans ennui, ſans dégoût, ſans le danger de la partialité. Ajoutez l'apprentiſſage continuel d'un art pour lequel il n'y en a pas eu juſqu'à préſent; & conteſtez-moi la bonté de ma méthode, ſi vous l'oſez.

Je ne dis point ce qu'apprendra le Prince. Lire & écrire, eſt tout ce qu'il faut qu'il apprenne, quoiqu'il doive ſavoir beaucoup davantage; mais on ne dira point qu'il doit apprendre à parler, parce qu'on eſt ſûr qu'il l'apprendra, ſans qu'on le lui enſeigne, ou du moins avec ſi peu d'enſeignement, qu'on n'en tient pas compte dans l'éducation ordinaire. Combien cependant faut-il de jugement pour parler correctement, & avec préciſion? Combien faut-il avoir fait de réflexions? C'eſt ainſi qu'un éleve national doit tout apprendre. L'enſeignement ne doit pas être ſenſible; mais les exemples, les circonſtances, les diſcours, doivent être ménagés, de façon que, ſans étudier, il apprenne tout ce qu'il doit ſavoir. J'ajoute un ſupplément à ces choſes dans la lecture aſſidue de l'hiſtoire ; mais ce n'eſt point encore-là une étude. La géographie égayée de la lecture des voyages, n'en eſt pas une non plus. Il y aura, par conſéquent, bien du malheur, ſi mon éleve prend du dégoût pour rien qui ſoit beau & honnête, comme il y en aura, s'il ſe paſſionne pour une choſe au préjudice de toutes les autres.

CHAPITRE VII.

Ce que c'est que régner.

QUAND l'éleve national sera appellé par la loi au redoutable ministere pour lequel il étoit né, il saura que, dans ce poste sublime, il n'est qu'un homme & un citoyen, chargé par d'autres hommes, de faire pour la société, ce qui reste à faire quand tous les autres citoyens ont fait leur devoir.

Il saura que veiller & régir, est le sien; & qu'où tout est dans les regles, il a peu à faire, en ce sens qu'il ordonne peu, mais qu'il n'a pas moins à voir que dans un temps de désordre. La différence entre l'un & l'autre temps, est principalement dans celle des spectacles qu'offre à un Souverain sa nation inquiete ou mécontente, ou cette même nation tranquille, heureuse, & ne levant les yeux vers lui que pour le combler de bénédictions. Il y a encore cette différence, que, dans le premier cas, le Prince est obligé d'ordonner beaucoup, &, par conséquent, d'affliger beaucoup ses concitoyens; au-lieu que, dans le second, on ne se souvient de son autorité, que parce qu'elle consacre tout ce qui assure les propriétés & les droits des citoyens, & préside à tous les actes qui maintiennent le bon ordre.

Ce que doit & peut faire un autre citoyen, le Prince ne le doit pas faire.

Il doit vouloir & agir pour tous ; mais à peine il doit avoir des volontés, & faire des actes pour lui-même, comme individu, tant il est un homme public, l'homme de la société.

Mais pour ne rien confondre & ne rien répéter, s'il est possible, voyons quels sont les devoirs d'un citoyen qui préside seul à l'administration publique. Si nous pouvons les détailler, nous aurons la division la plus naturelle de cette seconde partie.

Mais pourquoi traiterions-nous le premier des citoyens autrement que nous n'avons traité les autres classes de la société ? Nous n'avons point détaillé leurs devoirs ; nous les avons fait naître de leur position : & cette position, nous l'avons trouvée dans leurs besoins, dans leurs moyens, & dans les besoins correspondants de la société. Suivons la même route, & laissons subsister la même division. Quand nous aurons parcouru l'une, & épuisé l'autre, nous verrons s'il nous sera échappé quelque chose qui mérite une attention particuliere.

Mais il ne s'agit pas uniquement ici des besoins moraux des individus, ni de ceux de la société qui y répondent. Il doit être aussi question des besoins physiques, puisque, suivant toutes les apparences, quelques obligations du Prince sont relatives à ces besoins.

C'est ce que nous allons maintenant examiner ; & ce ne sera qu'après avoir achevé cette discussion, que nous reprendrons la triple énumération que nous avons déja suivie.

CHAPITRE VIII.

La servitude de droit ou de fait, est la suite naturelle de la nécessité de subsister. Que cette nécessité rendit patrimonial le Royaume d'Egypte, le seul à qui on puisse avec fondement donner cette définition. Que, sans l'effet de cette nécessité, qui est l'aisance du petit nombre, produite par le travail du plus grand nombre, il ne pourroit y avoir de véritable société. Mais que l'abus de cette nécessité tend à la ruine de la société. Qu'il n'y a point dans le fait de Royaumes patrimoniaux ; mais que, quand il y en auroit, on ne pourroit tirer aucune conséquence pratique de cette définition. Classification de tous les Etats qui existent en Europe, relativement à la propriété & à la subsistance.

DONNEZ-*nous du pain, faites que nous vivions, & nous serons vos esclaves*, disoient les Egyptiens, que la famine désoloit ; & à la maniere dont ils le disoient, il paroît que ce langage n'étoit pas nouveau. La subsistance est le plus impérieux des besoins. Il comprend, chez un peuple simple, la nourriture, le vêtement & le logement, à aussi peu de fraix qu'il est possible ; chez un peuple corrompu, il comprend toutes ces choses, &

encore ce qui en eſt devenu une dépendance par l'habitude ou l'opinion.

Mais entre ces trois beſoins, celui qui intéreſſe le plus eſſentiellement notre exiſtence, la nourriture, conſerve ſur les autres une primauté marquée, quant à ſa néceſſité & aux effets de cette néceſſité. Dans tous les temps, (ſi ce n'eſt peut-être depuis que, dans certains Pays, l'homme n'a plus ſur l'homme que les droits mal reconnus de la pitié d'un côté, & les droits encore plus incertains de la reconnoiſſance;) dans tous les temps, dis-je, la même cauſe qui rendit les Egyptiens eſclaves de leur Roi, aſſujettit aux hommes opulents ceux qui n'avoient ni pain pour vivre, ni aſſez de force ou d'audace pour piller les magaſins des riches. C'eſt en grande partie à cette cauſe, qui dut exiſter ſouvent avant la formation réguliere des ſociétés, que j'ai rapporté l'origine de la ſervitude. Elle reſſembloit beaucoup à la ſeconde cauſe, qui fit auſſi un grand nombre d'eſclaves; la crainte de mourir par le fer des vainqueurs, ou le deſir de vivre.

On ne peut expliquer la réſignation de tout un peuple à la ſervitude, par le ſeul motif de faire ouvrir les magaſins de ſon Roi, qu'en ſuppoſant deux choſes: l'une, que la ſervitude, que les préjugés ne rendoient point auſſi hideuſe qu'elle nous le paroît, étoit un mal moindre, que ne paroiſſoit criminelle la réſolution d'employer la force pour envahir le bien d'autrui; l'autre, que c'étoit alors une convention ordinaire, & qui n'avoit rien de révoltant, que celle par laquelle un ou pluſieurs hommes faiſoient don de leurs perſonnes, ou plutôt de leurs services, à perpétuité, à condition de recevoir ce qui leur étoit nécessaire pour vivre.

Examinons ce trait historique, dont le rapport est si marqué avec le sujet que nous traitons, savoir la combinaison de l'autorité souveraine avec les besoins physiques des peuples. L'histoire ne peut nous fournir un fait ni plus ancien, ni plus authentique; & en ceci, l'ancienneté doit être comptée pour quelque chose, parce que plus nous remontons vers l'origine des sociétés, plus nous trouvons de simplicité dans leurs principes constitutifs, ou dans les opinions des hommes.

Avant la grande famine qui affligea l'Egypte, les Pharaons jouissoient d'une autorité très-étendue, puisque Joseph, après avoir prédit les années d'abondances & celles de stérilité, conclut ainsi:

Que le Roi fasse choix d'un homme sage & industrieux, & lui donne le commandement dans toute l'Egypte, avec ordre d'établir des préposés dans tout le Pays, pour percevoir la cinquieme partie des fruits pendant les sept années d'abondance qui vont commencer. On rassemblera cette cinquieme partie dans les greniers, où elle restera au pouvoir de Pharaon, étant renfermée dans les Villes. Que ce soit un magasin tout prêt pour le temps de disette, afin que ce fléau ne fasse point périr la nation.

Ce Conseil plut au Roi & à tous ses serviteurs, & Pharaon dit à Joseph: Je te fais le chef de ma maison, & tout mon peuple t'obéira; je te donne le commandements sur toute l'Egypte. Pharaon fit asseoir Joseph dans son char à côté de lui, & un héraut crioit, qu'on eût à fléchir le genouil devant lui, & que tous eussent à savoir qu'il étoit le Surintendant de toute l'Egypte.

Le Roi dit encore à Joseph: *Je suis Pharaon*, &, sans ton ordre, nul ne remuera ni la main ni le pied dans toute la terre d'Egypte. Il changea aussi son nom, & lui en donna un qui, en langue Egyptienne, signifioit le Sauveur du monde.

L'autorité du Roi d'Egypte devoit être très-grande; puisqu'il en communiqua une portion aussi étendue à un étranger, qui avoit été esclave, & qui sortoit des fers.

Joseph tira du pays tout l'argent qu'il y avoit par la vente du bled, & le porta dans le trésor du Roi, en quoi certainement il faisoit agir Pharaon, non comme un Roi, pere de son peuple, & obligé de pourvoir gratuitement à tous les besoins de sa nombreuse famille, mais comme un marchand insatiable.

Enfin, l'argent manqua aux Egyptiens, & tous vinrent trouver Joseph, & lui dirent. Donnez-nous du pain; nous laisserez-vous mourir, parce que nous n'avons plus d'argent? Joseph, toujours trop fidele serviteur de son maître, leur répondit: Amenez-moi vos troupeaux, & je vous donnerai du pain en échange, puisque vous n'avez plus de quoi le payer.

Les Egyptiens le firent, & Joseph les nourrit cette année pour le prix de leurs bestiaux de toute espece. Mais, quand l'année fut finie, ils vinrent encore le trouver, & lui dirent: Nous ne cacherons point à notre Seigneur que nous n'avons plus ni argent ni troupeaux, & vous ſavez vous-même qu'il ne nous reſte rien que nos perſonnes & nos terres. Mais pourquoi faudroit-il que nous mouruſſions devant vous? Que plutôt nous & nos terres ſoyons à vous! Achetez-nous pour être les eſclaves du Roi, & donnez-nous de la ſemence, de peur que, par la mort de tous les cultivateurs, tout le pays ne ſoit réduit en une vaſte ſolitude.

Joſeph acheta donc toutes les terres de l'Egypte, chacun étant obligé à vendre la ſiennne par l'excès de la famine, & il en fit l'acquiſition pour le Roi, ainſi que de tous les habitans de l'Egypte, à l'exception des ſeules terres des Prêtres, à qui on fourniſſoit, des greniers publics, autant de vivres qu'il leur en en falloit; ce qui fut cauſe qu'ils ne ſe trouverent point dans la néceſſité de vendre leurs poſſeſſions.

Joſeph dit donc au peuple: Vous ſavez que Pharaon eſt propriétaire de vos perſonnes & de vos terres. Allez prendre de la ſemence, & enſemencez vos champs, afin que vous puiſſiez recueillir des grains. Vous en donnerez la cinquieme partie au Roi. Je vous abandonne le reſte pour enſemencer vos terres, & vous nourrir avec vos familles & vos enfants. Les Egyptiens répondirent: Notre ſalut eſt entre vos mains; que ſeulement notre Seigneur tienne les yeux ouverts ſur nous, & ce ſera avec joie que nous ſerons les eſclaves du Roi.

Depuis lors, les Egyptiens payerent à leurs Rois la cinquieme partie de leurs fruits, & il n'y eut que les terres des Prêtres qui furent exemptes de cette contribution.

Il eſt impoſſible de ſe prévaloir avec plus de dureté que ne le fit Joſeph, de la miſere des peuples. Par un bienfait qu'il fit payer cher aux Egyptiens, il changea le Royaume en une terre cultivée par des ſerfs, & poſſédée en propre, non plus par un Roi, ce titre ne convient pas à qui n'a que des eſclaves, mais par un maître.

Cependant il eſt douteux qu'après avoir acquis à ſon Roi le droit le plus étendu, il en ait profité pour agraver le joug des Egyptiens, puiſqu'avant même la diſette, il avoit fait porter dans les greniers publics la cinquieme partie de tous les fruits. Tant il eſt vrai que la ſervitude des peuples a des bornes, au-delà deſquelles elle s'anéantiroit elle-même par leur deſtruction. C'eſt-là le ſeul exemple que je connoiſſe d'un Royaume vraiment patrimonial, quoique les Publiciſtes modernes ayent ainſi défini des Royaumes, dont jamais les peuples ne ſe vendirent à leurs Rois.

A quoi ſe réduiſit pourtant la ſervitude des Egyptiens? A payer la cinquieme partie de leurs fruits, dans un pays où la terre rendoit au moins le centuple de la ſemence : & aujourd'hui, dans le Pays le plus libre de l'Europe, & celui en même-temps qui eſt le moins fertile, le cultivateur paye la dixme de ſes fruits, outre pluſieurs autres droits, qui, avec la dixme, égalent ou même ſurpaſſent le cinquieme.

Leçon importante, & qui devroit apprendre aux flatteurs des Souverains, que rien n'eſt plus inſenſé que les peines qu'ils ſe donnent pour augmenter leur autorité par des définitions captieuſes & à la faveur de titres

équivoques.

équivoques. Quel que soit le succès apparent de leur travail, l'intérêt des Rois eux-mêmes le rendra toujours inutile, ou il n'aura d'autre fruit que l'avilissement des peuples, par l'opinion qu'il leur fera concevoir d'une servitude humiliante.

Pharaon traita ses esclaves comme il avoit pu traiter ses sujets. Il ne gagna donc rien que le titre vain & contradictoire de Roi propriétaire.

Mais Joseph s'acquit un crédit immense, qu'il fit servir à l'établissement de sa famille, laquelle donna à l'Égypte les seuls habitans qui, avec les Prêtres, ne furent point esclaves du Roi. Cependant les Egyptiens devinrent le peuple le plus lâche & le plus méprisable de la terre, & furent en même-temps les plus superstitieux des hommes, par l'effet même de leur lâcheté, & par le crédit immense que s'acquirent les Prêtres.

Mais revenons au point d'où nous sommes partis, & disons que la nécessité de subsister, fait, de ceux qu'elle tyrannise, les esclaves des riches, qui peuvent leur vendre à ce prix une assistance intéressée.

En vain réclamerons-nous les droits de l'humanité violés; en vain, aussi religieux que compatissants, opposerons-nous les loix de la charité chrétienne à celles de la nécessité & de l'intérêt : jamais la charité, ni toute autre vertu proprement dite, ne sera un ressort politique, dont l'action puisse contrebalancer avec avantage celle de l'intérêt.

On peut reprocher à Pharaon de n'avoir pas secouru plus généreusement un peuple confié à ses soins, &

d'avoir vendu une assistance qu'il lui devoit. On peut faire le même reproche à son Ministre ; mais il ne sert à rien, pour la destinée des nations, de dire ce que les hommes auroient dû faire dans tel cas ; & il est beaucoup plus utile de considérer qu'après s'être acquis le droit de traiter ses sujets comme des esclaves, Pharaon fût assez bien conseillé pour mettre des bornes étroites à l'exercice de ce droit. Il fut avide d'autorité, & ses pareils le seront toujours. Mais il connut ses véritables intérêts, & c'est ce qui n'est pas toujours arrivé depuis, & ce qui souvent n'arrivera pas.

Achetez-nous pour être les esclaves du Roi, mais donnez-nous des grains pour ensemencer nos terres ; autrement le Pays, en perdant ses cultivateurs, deviendra une vaste solitude. Voilà les inconvénients de la pauvreté, l'abus inévitable de l'opulence, & l'intérêt des hommes puissants.

L'indigence avilit l'ame, ou l'empêche de s'élever dans ceux qui naissent dans son sein. Elle mene à la servitude, ou empêche d'en sortir. Elle donne des entraves à la culture, & finit par l'anéantir.

Mais vous, Dieux de la terre, vous en profitez pour asservir vos freres, & je ne vous le reproche pas, parce que mes reproches seroient inutiles. Vous secourez vos semblables, & vous faites bien. Vous leur donnez la subsistance qui alloit leur manquer, & ils vous donnent leurs bras ; ils vous consacrent la vie qu'ils vous doivent. Est-ce reconnoissance, est-ce une nécessité à laquelle les réduit votre dureté ? C'est encore ce que je n'examine pas. Ils veulent être vos esclaves ; &

équivoques. Quel que soit le succès apparent de leur travail, l'intérêt des Rois eux-mêmes le rendra toujours inutile, ou il n'aura d'autre fruit que l'avilissement des peuples, par l'opinion qu'il leur fera concevoir d'une servitude humiliante.

Pharaon traita ses esclaves comme il avoit pu traiter ses sujets. Il ne gagna donc rien que le titre vain & contradictoire de Roi propriétaire.

Mais Joseph s'acquit un crédit immense, qu'il fit servir à l'établissement de sa famille, laquelle donna à l'Égypte les seuls habitans qui, avec les Prêtres, ne furent point esclaves du Roi. Cependant les Egyptiens devinrent le peuple le plus lâche & le plus méprisable de la terre, & furent en même-temps les plus superstitieux des hommes, par l'effet même de leur lâcheté, & par le crédit immense que s'acquirent les Prêtres.

Mais revenons au point d'où nous sommes partis, & disons que la nécessité de subsister, fait, de ceux qu'elle tyrannise, les esclaves des riches, qui peuvent leur vendre à ce prix une assistance intéressée.

En vain réclamerons-nous les droits de l'humanité violés; en vain, aussi religieux que compatissants, opposerons-nous les loix de la charité chrétienne à celles de la nécessité & de l'intérêt: jamais la charité, ni toute autre vertu proprement dite, ne sera un ressort politique, dont l'action puisse contrebalancer avec avantage celle de l'intérêt.

On peut reprocher à Pharaon de n'avoir pas secouru plus généreusement un peuple confié à ses soins, &

d'avoir vendu une aſſiſtance qu'il lui devoit. On peut faire le même reproche à ſon Miniſtre ; mais il ne ſert à rien, pour la deſtinée des nations, de dire ce que les hommes auroient dû faire dans tel cas ; & il eſt beaucoup plus utile de conſidérer qu'après s'être acquis le droit de traiter ſes ſujets comme des eſclaves, Pharaon fût aſſez bien conſeillé pour mettre des bornes étroites à l'exercice de ce droit. Il fut avide d'autorité, & ſes pareils le ſeront toujours. Mais il connut ſes véritables intérêts, & c'eſt ce qui n'eſt pas toujours arrivé depuis, & ce qui ſouvent n'arrivera pas.

Achetez-nous pour être les eſclaves du Roi, mais donnez-nous des grains pour enſemencer nos terres ; autrement le Pays, en perdant ſes cultivateurs, deviendra une vaſte ſolitude. Voilà les inconvénients de la pauvreté, l'abus inévitable de l'opulence, & l'intérêt des hommes puiſſants.

L'indigence avilit l'ame, ou l'empêche de s'élever dans ceux qui naiſſent dans ſon ſein. Elle mene à la ſervitude, ou empêche d'en ſortir. Elle donne des entraves à la culture, & finit par l'anéantir.

Mais vous, Dieux de la terre, vous en profitez pour aſſervir vos freres, & je ne vous le reproche pas, parce que mes reproches ſeroient inutiles. Vous ſecourez vos ſemblables, & vous faites bien. Vous leur donnez la ſubſiſtance qui alloit leur manquer, & ils vous donnent leurs bras ; ils vous conſacrent la vie qu'ils vous doivent. Eſt-ce reconnoiſſance, eſt-ce une néceſſité à laquelle les réduit votre dureté ? C'eſt encore ce que je n'examine pas. Ils veulent être vos eſclaves ; &

cette volonté qui naît de leur état, quel qu'en soit le motif, est tout ce que je dois considérer ici. Mais leur pauvreté fait votre richesse. C'est-à-dire, que s'il n'y avoit point de pauvres, vous le seriez vous-mêmes. Nul ne travailleroit que pour lui-même, & tous les hommes seroient comme les arbres qui ont leur racine en terre, & qui ne peuvent quitter leur place sans perdre leur subsistance, & mourir. Dans cet état, les hommes cesseroient presque d'être sociables; & chaque société, s'il y en avoit, ne s'étendroit qu'aussi-loin que pourroient s'étendre les soins & les voyages d'un homme obligé de travailler à la terre pour vivre. La mesure des forces défensives d'un canton, seroit celle du temps que lui laisseroit la culture de son champ. Mais la mesure de ses forces offensives seroit celle de son audace, & de la résolution qu'il auroit prise de vivre de pillage, au-lieu de vivre de son travail. Or, quel désordre ne naîtroit pas de cette disproportion prodigieuse entre les forces défensives & les forces offensives? Voilà l'abus inévitable de l'opulence; & j'entends ici par opulence, un superflu quelconque, ne fût-il que du quart de la subsistance d'un homme, & l'indigence qui y répondroit ne fût-elle non plus que de ce même quart.

Mais en même-temps, voilà l'ordre qui résulte de cet abus : la possibilité & l'existence de la société.

Cet abus forma certainement les premieres sociétés, après celles des peres & des enfants, & précéda la formation de toute société un peu étendue. Car ce n'est point cet homme qui est, pour ainsi dire, collé à la terre pour la sucer, ni cet autre homme qui conduit lui-même ses troupeaux, & ne peut pas les perdre un instant de vue; ce n'est point, dis-je, un tel homme qui est sociable dans le sens étendu que suppose l'existence des grandes sociétés: c'est celui pour qui un autre cultive la terre, ou dont un autre garde les troupeaux.

On dit, il est vrai, qu'il y eût un peuple Scythique qui abhorra la servitude, au point de ne point souffrir d'esclaves au milieu de lui. Il est encore vrai que les sauvages chasseurs ne connoissent point d'inégalité entre eux, & adoptent leurs captifs. Mais dans le premier exemple, tous les citoyens avoient leurs troupeaux ensemble, & les gardoient en commun. Dans le second, les bornes sont bien étroites, dans lesquelles se renferme l'accroissement des sociétés. Et quelle seroit la population de la terre, si elle n'avoit pour habitants que des pasteurs ou des chasseurs!

Mais outre cet abus de l'opulence auquel il faut en grande partie rapporter l'origine de la société, & qui est aussi naturel qu'inévitable, il en est d'autres qui sont condamnables, parce qu'ils nuisent également & aux riches & aux pauvres. Ils n'existeroient pas, si les premiers connoissoient leur intérêt.

Donnez-nous de quoi ensemencer nos terres, autrement ce Pays si fertile deviendra une vaste solitude.

Nourrir le pauvre sans le faire travailler, ce seroit courir à sa ruine & à celle de l'Etat. Il faut donc qu'il achete sa subsistance par le travail; & une charité malentendue qui dérangeroit cet ordre, seroit un fléau public. Il faut encore que le travail du pauvre soit en partie au profit de celui qui l'employe; autrement il n'y auroit point de produit net pour le propriétaire qui devroit travailler lui-même; point d'aisance, par conséquent, & conséquemment encore, point de société. Mais il faut aussi qu'il reste au pauvre de quoi vivre, & ensemencer sa terre, s'il en a. Dans le premier besoin, je comprends non-seulement l'étroit nécessaire, mais de plus, cette petite aisance dont il a besoin pour se bien nourrir, pour ne pas craindre la multiplication de sa famille, & pour conserver tout le courage qui fortifie ses bras.

Dans le second besoin, je comprends, avec le moyen d'ensemencer la terre, celui de la préparer par une bonne culture à faire fructifier la semence.

L'homme & la terre, réduits à l'étroit nécessaire, seront toujours misérables, & tromperont infailliblement les espérances du propriétaire, soit que celui-ci soit un simple citoyen, soit qu'il y ait un Monarque qu'on puisse regarder comme le propriétaire de tout son territoire.

Mais s'il en est quelqu'un qui, à l'exemple de Pharaon, prenne ce titre odieux, encore faudra-t-il qu'il laisse du superflu à un grand nombre de ses esclaves; autrement ils seroient tous attachés à la glebe, & il resteroit seul dans son palais, ou bien il n'y seroit environné que de mercenaires. Rien ne se feroit dans l'ordre de la sociabilité que pour une solde, & du moins les soudoyés auroient un produit net qui seroit le superflu arraché aux esclaves laborieux.

Pharaon lui-même fut obligé d'excepter de la servitude générale, un ordre nombreux & puissant, l'ordre sacerdotal ; & son Ministre, pour être soutenu par cet ordre, épousa la fille du grand Prêtre d'Héliopolis. Bientôt il fallut donner des terres exemptes à une milice héréditaire ; & la propriété qui appartenoit au Roi, souffrit une nouvelle exception que nécessita la nature des choses. Nous avons déja remarqué que, dès son origine, elle en souffrit une plus générale encore, par la modicité de la contribution à laquelle furent réduits les droits résultants de cette propriété. Autant eut donc valu ne la pas acquérir, si on n'a égard qu'à ses effets utiles ; mais bien mieux eût valu ne pas tirer cet avantage d'une calamité publique, si l'on fait attention à l'effet pernicieux qui en dut résulter par l'avilissement de la nation.

Joseph rendit bien aux Egyptiens toute la haine qu'ils portoient aux Hébreux, avec qui ils ne vouloient pas même manger. Mais Pharaon n'a plus de successeur, & il n'y a pas un peuple dont les annales fournissent à ses chefs un titre de propriété semblable à celui que le fils d'Israël procura aux Rois d'Egypte. Disons donc qu'il n'y a ni Rois propriétaires, ni Royaumes patrimoniaux, & qu'il ne doit jamais y en avoir, parce que quand les Rois auront tout fait pour le salut de leurs peuples, ils devront dire : Nous sommes des serviteurs inutiles ; ce que nous avons dû faire, nous l'avons fait. Ajoutons ce que nous avons déja dit ailleurs, que si une famille, composée de maîtres & d'esclaves, s'accroissoit au point de devenir un Royaume, ce seroit un Royaume patrimonial, mais sans que l'on pût tirer aucune conséquence raisonnable de cette définition. Car ou la race des maîtres se feroit multipliée à proportion de celle des esclaves; &, dans ce cas, les branches cadettes de la seule famille libre composeroient un ordre, à l'égard duquel le Monarque n'auroit certainement pas les droits de propriété : ou la race des maîtres n'auroit jamais été partagée qu'en un nombre de branches trop petit pour former un ordre, & le peuple descendroit tout entier des esclaves; & dès-lors, outre la classification qui auroit dû s'y former, ainsi que je l'ai expliqué ailleurs, & qui auroit borné les droits du maître devenu Monarque, celui-ci auroit encore été obligé de renoncer à une partie de ses droits, en échange de l'obligation dont il se seroit déchargé de pourvoir en détail à la subsistance de ses sujets, de régler & de leur commander tous les travaux, de leur fournir enfin à ses risques & périls, non-seulement leurs besoins, mais encore les moyens de produire les choses que ces besoins rendroient nécessaires.

Enfin, un tel Monarque devroit faire ce que fit Pharaon, donner ou laisser des grains pour semer, & borner les redevances de ses sujets en telle maniere, qu'ils pussent vivre avec leurs enfants & leurs esclaves, ou les cultivateurs subalternes qu'ils seroient obligés de salarier; il devroit encore laisser des profits aux cultivateurs, pour entretenir leur courage par une sorte d'aisance, & par l'espérance de l'augmenter.

Cette hypothese est pourtant, de toutes celles que l'on peut poser, la plus désavantageuse aux sujets; mais nous ne devons pas nous y arrêter, puisque, dans le fait, il n'eſt aucun Royaume auquel on puiſſe attribuer une pareille origine.

En général les nations ſont compoſées 1°. d'un Magiſtrat ſouverain, ſoit que ce ſoit un ſeul homme, ou une aſſemblée de pluſieurs hommes.

2°. D'un ordre ſupérieur, ſoit qu'il repréſente la totalités des anciens propriétaires, comme en Suede & dans la plupart des Pays non conquis, ſoit qu'il repréſente tout à la fois, & la majeure partie des anciens propriétaires & la milice primitive de l'Etat, comme dans preſque tous les Etats qui ſont des démembrements de l'Empire Romain.

3°. D'un ordre inférieur compoſé des bourgeois & petits propriétaires, dont la propriété a été dégradée par des taxes affectées au fonds, & dont les droits perſonnels, devenus équivoques par une ancienne oppreſſion, ou tout-à-fait nouveaux comme la formation des corps qu'ils compoſent, ſont l'effet de privileges auſſi nouveaux, ou en ont eu beſoin pour être mieux conſtatés.

4°. De cultivateurs abſolument ſubalternes, dont l'origine remonte aux ſerfs & aux colons attachés à la glebe, & des déſerteurs de cet ordre ſupérieur qui n'ont point encore été agrégés à l'un des ordres ſupérieurs.

Telle eſt, ſans aucune exception, la compoſition de tous les peuples de l'Europe; & comme nous écrivons pour cette partie du monde, c'eſt celle-là ſeule que nous devons ſuppoſer.

CHAPITRE IX.

Sur quoi ſont fondés les devoirs des Rois. Quels ils ſont relativement à la ſubſiſtance des peuples.

UN Roi eſt le chef d'une ſociété, qu'il eſt obligé & qu'il a droit de régir de la maniere dont elle peut l'être le plus avantageuſement. C'eſt un homme, tenu à tous les devoirs réſultants de la communauté d'origine & de l'égalité eſſentielle des hommes. C'eſt un citoyen, jouiſſant du bénéfice des loix & tenu aux charges qui en ſont la compenſation. Il n'eſt aucun devoir qu'on ne puiſſe dériver de ces deux qualités. Celle de chef ne doit pas même être conſidérée ici, puiſqu'elle réſulte de citoyen ſoumis aux loix, & jouiſſant de leur bénéfice. La royauté eſt une charge qu'un homme acquiert en vertu des loix, & qu'il doit exercer de la maniere que les loix lui preſcrivent, & qu'elles autoriſent. Or, il ſeroit contradictoire de dire qu'un Roi eſt un homme, & n'eſt obligé à rien envers les hommes, ou qu'un homme eſt Roi, & n'eſt pas citoyen, ou eſt au-deſſus de toutes les loix. Du moins il en eſt une, au-deſſus de laquelle il n'eſt pas. C'eſt celle par laquelle il eſt Roi. Mais comme nulle loi humaine n'exiſte abſtractivement de toute ſociété, il eſt clair que tout ce qui altere la ſociété, altere la royauté; que ce qui affoiblit l'une, affoiblit l'autre; & en réuniſſant les deux qualités eſſentielles du Souverain, & la troisieme qui en résulte, il est encore clair que tout Souverain est obligé, par devoir & par intérêt, à faire tout ce qui peut corroborer la société, soit directement & en resserrant les nœuds, soit indirectement, en augmentant le nombre ou la force des individus qui la composent.

Cela posé, il n'y a point de Souverain qui ne soit obligé de faire tout ce qui dépend de lui pour assurer la subsistance de ses sujets en général, & pour qu'ils l'ayent dans la proportion qu'exige l'état de société, & encore dans la proportion & de la maniere qui sont les plus favorables à la constitution intérieure de la société dont il est le chef.

Ce sont quatre obligations distinctes, que nous allons discuter, & dont l'examen nous conduira à la découverte de tout ce qu'il peut y avoir de plus intéressant dans ce rapport du Magistrat avec les citoyens.

Le Prince, disons-nous, est obligé d'assurer la subsistance de ses sujets en général. Il est donc aussi obligé d'en rechercher les moyens, & de les mettre en usage.

Mais son intérêt & son devoir exigent également qu'il remplisse cet objet sans déranger la proportion que requiert l'état de société; autre maxime qui explique & modifie la premiere.

Cependant cette proportion peut varier suivant la nature de chaque Gouvernement, & c'est encore ce que le Prince ne doit pas perdre de vue.

Enfin, la maniere dont il peut être pourvu à la subſiſtance des citoyens, n'eſt point indifférente; elle eſt très-variée dans tout état un peu étendu : mais toute maniere de gagner ſa ſubſiſtance, n'eſt ni auſſi favorable que toute autre en elle-même, ni auſſi analogue à chaque conſtitution; & ce doit encore être-là la regle d'une conduite très-différente, ſuivant la différence des Gouvernements, du génie des peuples, & du territoire qu'ils occupent.

Sans doute, il me ſera difficile de rien dire de neuf ſur une matiere dont s'occupent depuis pluſieurs années les meilleurs eſprits de l'Europe; mais je n'ai pas l'ambition des paradoxes, ni celle des découverte; & ſi je ne veux pas laiſſer une lacune dans cet Ouvrage, il me ſuffira de l'avoir remplie de maximes bonnes & utiles.

Il eſt des vérités qui devroient être répétées dans tous les Livres qui ſe publient, afin que perſonne n'en pût détourner la vue, & qu'elles ne puſſent échapper à qui que ce fût.

Celles qui intéreſſent eſſentiellement le bonheur & la multiplicaton du genre-humain, ſont de ce nombre.

Le Tout-Puiſſant créa d'abord la terre; deſſécha ce marais immenſe; en fit développer la fertilité par les rayons de l'aſtre vivifiant; couvrit ce globe de gazons & d'arbres de toute eſpece; créa tous les animaux qui devoient entrer, par leur vie & leur mort, dans le cercle de la corruption & de la production; & lorſqu'il eût ainſi préparé cette grande demeure, ce magaſin immenſe de vivres, il y plaça l'homme, & lui ordonna de multiplier ſon eſpece.

Princes, qui descendez comme nous de ce premier homme, & que vos freres ont placés entre eux & leur Créateur, pour être les grands instruments de sa providence & de leur bonheur; vous qui avez été si souvent les ravageurs de la terre, & les destructeurs de vos semblables, connoissez mieux votre destination, & remplissez-la; que par vos soins la terre devienne plus fertile, & que les hommes sortent encore de son limon fructifiant. Imitez celui que vous représentez ici-bas.

CHAPITRE X.

Que l'agriculture eſt la baſe de la ſociété ; & ſa perfection, la meſure de la ſolidité & de la puiſſance de toute aſſociation politique. Que cette perfection conſiſte dans le plus grand produit net ; ce qui ſuppoſe des méthodes de culture peu diſpendieuſes, qui employent peu de bras, & le bon marché de ces bras.

Maximes politiques pour la claſſe des Journaliers.

AVANT qu'il y eût des héros deſtructeurs des hommes, il y en eut qui fonderent des ſociétés ; il y en eut qui faciliterent, par d'utiles inventions, les durs travaux auxquels ſeuls la terre accorde ſes fruits avec abondance ; il y en eut qui détruiſirent les bêtes féroces, auxquelles étoient en proye, & les hommes, & les animaux que l'homme s'étoit aſſociés.

Triptoleme, diſciple de Cerès, parce qu'il étudia la terre ; Oſiris, bienfaicteur de tout le genre-humain, & révéré par-tout où il y avoit des hommes, parce qu'il leur apprit à atteler des bœufs à la charrue ; Cerès elle-même ou l'agriculture, à qui la ſage antiquité donna le nom de légiſlatrice, tout, dans l'enfance du genre-humain, nous apprend quelle fut ſa vénération pour l'art nourricier, & combien ſon invention & ſa perſection furent étroitement liées avec l'eſſence de la ſociété, & avec le Gouvernement ſans lequel elle ne peut ſubſiſter.

Perfectionnez cet art, & vous reſſerrerez les liens qui uniſſent les hommes; vous en raſſemblerez les faiſceaux dans la main de celui qui en eſt le chef. Laiſſez-le dépérir, & l'union de la ſociété ſe relâchera; pluſieurs des liens qui la contiennent en un corps, échapperont à celui qui n'eſt grand que parce qu'il eſt élevé ſur le bouclier que ſoutiennent pluſieurs hommes. Si ceux-ci s'écartent & ſe diſperſent, ſon trône mal ſoutenu commencera par chanceler, & s'écroulera bientôt.

Qu'on ne me ſoupçonne point ici d'exagération. Je ne dis rien qui ne ſoit exactement vrai, & que je ne ſois en état de prouver.

Tout le monde m'accordera, que la ſubſiſtance eſt plus chere à l'homme que ſa propre vie; il ſent la faim, & ne ſent ni la vie, ni la mort.

On m'accordera encore, que, dans l'idée de toute République nombreuſe & floriſſante, entre celle d'un territoire, comme, dans l'idée d'une forêt, entre celle du ſol qui porte & nourrit les arbres.

On ne peut nier non plus, qu'un homme qui a beſoin de tout ſon temps & de toutes ſes facultés pour ſe procurer journellement ſa ſubſiſtance, ne ſoit à peu près auſſi inſociable que l'homme ſauvage qui n'auroit ni voiſins, ni concitoyens. Son ſort eſt ſemblable à celui du malheureux Siſyphe. Nul inſtant n'eſt à lui, puiſqu'il les doit tous au travail. C'eſt la même idée que j'ai commencé à développer dans le Chapitre précédent.

En partant de ces trois vérités, qu'on peut regarder comme des axiômes, nous aurons lieu de nous convaincre de cette autre vérité que j'ai entrepris de prouver, ſavoir que la conſiſtance de la ſociété, & l'énergie des loix ou de l'autorité qui préſide à leur exécution, eſt en raiſon de l'état plus ou moins floriſſant de l'agriculture.

Qu'on ne m'allegue point l'exemple de ces Etats qui paroiſſent ſubſiſter ſans cet art primitif, & que d'autres arts ſoutiennement dans un degré de proſpérité qui excite l'admiration & l'envie. Ils ont leur agriculture quelque part. La pêche peut leur en tenir lieu; & ſi ce ſont de très-petits Etats, quelques manufactures & le commerce leur fourniſſent, aux dépens d'autrui, une ſubſiſtance qui ne leur a pas encore manqué. Mais ce ſont-là des irrégularités dans le ſyſtême total du genre humain; & remarquez que, s'il ni avoit pas ailleurs une agriculture floriſſante, ces Etats périroient long-temps avant tous les autres. C'eſt ce que j'expliquerai en developpant les conſéquences du troiſieme axiôme que j'ai poſé. Je reviens au premier.

La ſubſiſtance eſt plus chere aux hommes que la vie, plus chere encore que la liberté. Faites-la leur trouver dans un certain lieu, & ils s'attacheront à ce lieu, comme l'enfant à ſa nourice. Qu'ils ne penſent pas pouvoir la trouver ailleurs, ou que ſeulement ils la voyent incertaine par-tout ailleurs, tandis qu'ils la trouvent certaine dans l'endroit où ils ſont; & ils ſeront immobiles comme le chêne qui enfonce autant ſes racines dans la terre, qu'il éleve vers le ciel ſa cime majeſtueuſe.

Mais obſervez ce que je dis, que les hommes doivent trouver leur ſubſiſtance certaine dans l'endroit où vous voulez les fixer ; ne la rendez donc pas incertaine, en les faiſant douter de la propriété de leur fonds, ou en leur ôtant arbitrairement une portion de leurs fruits : car ils n'auroient dès, lors d'autre garant de leur ſubſiſtance, que la ſtabilité inconnue de votre volonté à leur laiſſer toujours autant qu'il leur faut pour vivre ; & dans le détail, il y auroit bien des faits qui rendroient cette volonté très-douteuſe.

Mais écartons l'idée de l'abus, tant que nous en ſommes encore au principe, & diſons que l'homme, au riſque même de ſa vie, aux dépens même de ſa liberté, reſtera dans le lieu où ſa ſubſiſtance eſt certaine, comme ſa volonté de ſe la procurer, plutôt que de la rendre incertaine en quittant ce lieu.

Ajoutons cependant que les proportions peuvent varier entre la certitude & l'incertitude dont nous parlons, & que c'eſt là-deſſus qu'eſt fondé l'art de ſéduire, qui s'exerce trop ſouvent d'un Etat à l'autre, d'une Province à une autre, & ſur-tout des villes aux campagnes, & des profeſſions de toute eſpece à la profeſſion la plus utile & la plus eſſentielle.

Dans pluſieurs de ces cas, un degré d'incertitude eſt compenſé par un degré de commodité ou d'eſperance.

Mais ce ſont autant de raiſons pour laiſſer dans ſa plus grande plénitude poſſible, la certitude qui caractériſe l'état de l'agriculteur ; & pour ajouter à cet avantage déja très-grand, mais qui peut être méconnu, tout ce que peuvent avoir de charmes, la tranquilité, la ſûreté & la propriété.

Ecartez

Ecartez fur-tout les images affreufes de la difette & de l'abandon. Que celui qui vous nourrit ne coure jamais rifque de mourir de faim, tandis que les fainéants qui vous devorent, reftent dans l'abondance.

L'homme accoutumé à tirer fa fubfiftance de la terre, qui la donna à fes peres, eft toujours fous votre main. Si vous le ménagez, il ne vous échappera pas. Le Lapon quitte-t-il fes cavernes, fes lacs & fes rennes, pour chercher un climat plus doux? Il ne croiroit pas vivre, s'il ne vivoit comme fes peres. Mais dès qu'un efprit de vertige ou la rigueur du fort ont fait d'un citoyen un vagabond, un artifan, un marchand, un foldat &c., c'eft un homme toujours prêt à vous échapper, & que fouvent vous regretterez peu, s'il vous échappe. C'eft qu'il ne tient plus à un lieu, ni même à fa patrie, par le befoin de fubfifter. Il fubfiftera également par-tout où il trouvera du fervice ou de l'emploi. Il eft accoutumé à mefurer fes befoins fur la fomme numéraire qu'il gagne. Il ne comprend même pas, avant de l'avoir éprouvé, qu'avec une fomme plus grande, il pourra n'être pas mieux dans un autre Pays.

Ce feroit donc en vain que vous auriez un territoire, fi vous n'aviez pour fujets que des hommes toujours prêts à en fortir. Mais, ai-je dit encore, dans l'idée de toute République floriffante, entre celle d'un territoire. Or, ce n'eft pas un territoire, mais un lieu plus ou moins étendu, que le Pays qui n'eft pas cultivé. C'eft à peine un territoire, que celui qui l'eft mal. La plus parfaite culture par les hommes les plus attachés à la terre qu'ils fertilifent, eft ce qui conftitue le territoire le plus parfait. Elle fixe la localité d'un grand nombre d'hommes; & c'est déja une partie essentielle du lien par lequel est resserrée une multitude d'hommes pour composer une société.

Trop long-temps on a mesuré la grandeur des Princes par l'étendue de leurs Provinces : il falloit la mesurer par le nombre de leurs sujets. C'eût déja été un grand préjugé contre la manie des conquêtes.

Mais cette mesure seroit encore fautive. Il faudroit juger de la grandeur d'un Prince, par le nombre d'hommes qui seroient attachés au territoire soumis à sa puissance, & compter pour peu de chose tous ceux qui seroient dans le cas de dire : Où je suis bien, là est ma patrie.

Suivant cette regle, un Prince ne seroit grand & puissant qu'à proportion du nombre de ses sujets qui diroient : Ma patrie est le seul endroit où je puisse être bien; & qui le dira, si ce n'est le propriétaire d'un fonds qu'il affectionne! Hors cette classe, les uns ne diront rien, parce que, s'ils ne possedent rien dans leur patrie, ils ne connoissent rien hors d'elle : d'autres diront, je suis bien dans ma patrie; très-peu, je ne puis être bien qu'ici. Le séjour séducteur d'une Capitale peut avoir assez de charmes pour faire tenir ce langage.

Mais à quel haut prix sont ces charmes? Et combien peu faudroit-il offrir à ceux qu'ils ont séduits, pour les convaincre de mensonge!

Si donc vous voulez multiplier les citoyens, multipliez les vrais habitants du territoire, ceux qui ne peuvent vous échapper, parce qu'ils ne peuvent emporter le fonds auquel ils tiennent par les nœuds les plus doux & les plus forts.

Cependant vous n'aurez que des hommes immobiles, si vous n'avez que de petits cultivateurs attachés à la glebe, non par la loi; cette loi inutile, où le cultivateur est heureux, impuissante, où il est malheureux, est abrogée ou mérite d'être oubliée; si dis-je, vous n'avez que des hommes attachés à la terre par la nécessité de travailler sans cesse, pour subsister au jour la journée du fruit de leur travail.

Or, ainsi que je l'ai déja dit, de tels hommes sont à peine sociables, & ne méritent qu'imparfaitement le titre de citoyens. N'allez donc par vous mettre dans la tête l'utilité prétendue de la division des terres à l'infini; n'allez pas conclure de mes principes, que puisque ce seroit le moyen de multiplier les citoyens que de multiplier les propriétés, c'est travailler au bonheur de l'Etat, & bien mériter de l'espece humaine, que de contribuer au partage des terres en portions, telles que chacune nourrisse une famille, & rien au-delà.

Ce sont-là autant de revers de l'envie ou d'une humanité aveugle. Mais Dieu même, Pere des hommes, n'a pas voulu qne les choses fussent ainsi. Il a autorisé l'inégalité, & a tellement diversifié les individus, les choses & les événements, que l'inégalité est inévitable.

Mais ici il y a un juste milieu, auquel il faut tendre, quoique l'on doive être assuré ou de n'y parvenir jamais, ou de ne jamais s'y arrêter.

Ce milieu est où se trouve le plus grand nombre

possible de propriétaires jouissants de cette aisance qui en fait des citoyens mobiles, & qui conséquemment peuvent agir & être employés en cette qualité.

Il s'ensuit delà que, plus vous augmenterez le produit net des terres, plus vous rendrez votre état florissant. Or, ce n'est point en multipliant les fraix de culture, que vous parviendrez à cette augmentation. Mais vous les multipliez, si vous obligez le propriétaire à employer beaucoup de bras, lorsqu'avec les secours de l'art, il pourroit en employer moins.

L'humanité, dites-vous, tient un autre langage. Elle veut que je donne de l'emploi à beaucoup de journaliers. C'est une erreur. Tel n'est pas le langage de l'humanité, & c'est encore moins celui de la sage politique, ou plutôt c'est aussi peu celui de l'une que celui de l'autre. Car qu'est-ce que la politique, sinon l'humanité éclairée?

Quand j'employe un grand nombre de journaliers, j'entretiens cette classe aussi nombreuse qu'elle peut l'être; car le nombre des hommes se regle à peu près sur leur emploi. Or, cette classe, peu fortunée en elle-même, est la moins utile à la société, parce qu'elle est la moins sociable. Lorsqu'au contraire, en diminuant le travail, &, avec le travail, les faux fraix, j'augmente le produit net, je fais en sorte qu'où il n'y avoit de l'aisance que pour une famille, il y en a pour deux, pour trois & pour quatre: j'augmente donc réellement le nombre des véritables citoyens; car où il y a de l'aisance pour quatre familles, & où il y aura quatre familles aisées, l'Etat a six ou sept citoyens au-lieu d'un ou de deux. Il peut donc se consoler d'avoir un moindre nombre de ces hommes courbés vers la terre, de qui il ne peut rien espérer dans le fait, & qui, de droit, ne lui doivent rien.

C'est donc au profit de la société comme telle, que l'agriculture se perfectionne. Si cela n'étoit pas, l'inventeur de la charrue n'auroit pas été le bienfaicteur du genre humain ; celui qui le premier attela des bœufs, auroit dû être lapidé, puisqu'il substitua l'emploi des bêtes à celui des hommes : mais il arriva le contraire ; & les auteurs de ces deux inventions eurent des droits à la Royauté, puisque par eux fut multiplié le nombre des hommes, par qui & pour qui sont les Rois. Sans aisance, point de société ; & sans société, point de Rois. Le nombre des hommes est, sans doute, moindre qu'il ne seroit, si toute la terre étoit cultivée à bras d'hommes. La même étendue de terre produiroit davantage, & il faudroit beaucoup plus d'hommes pour la cultiver. Rien n'est plus vrai. Mais si l'espece humaine se doit à elle-même sa multiplication, ce devoir, tout saint qu'il est, doit être modifié par la nature de l'homme que Dieu créa sociable. Or, la sociabilité est incompatible avec la plus grande multiplication possible. Celle-ci, qui seroit un bien en soi, ne l'est donc plus relativement à un autre bien, & il reste vrai qu'un million d'hommes aisés sur trois millions seulement de journaliers ou artisans, constituent une plus grande masse de bonheur & de sociabilité, qu'un demi-million d'aisés sur six millions de journaliers.

Je vais encore plus loin, & je dis que, relativement à l'état de société, un million de citoyens plus aisés contre trois millions de journaliers, constitue une plus grande puissance qu'un million de gens moins aisés contre le double de journaliers. La preuve de cette assertion est dans l'assertion même, si l'on admet que la masse de l'aisance est la mesure de la puissance, & il faut bien admettre ce principe, puisque l'étroit nécessaire ne peut rien devoir ni au Prince, ni à la société : car si on pouvoit retrancher quelque chose de l'étroit nécessaire pour les besoins publics, il seroit clair que l'on auroit appellé étroit nécessaire ce qui ne l'étoit pas.

Vous me direz que l'ouvrier ne doit pas être réduit à l'étroit nécessaire; mais je vous demanderai pourquoi. Est-ce afin qu'il soit plus heureux? Si cela est, ce qu'il a au-delà ne doit pas lui être ôté; & comme il doit être heureux, je suis en droit de dire que ce surplus rentre dans l'étroit nécessaire. Est-ce afin qu'on puisse aussi lui ôter quelque chose; c'est-à-dire, afin qu'il puisse aussi payer un tribut? En ce cas, peu importe qu'il gagne ou qu'il ne gagne pas ce surplus; car, s'il ne le gagne pas, le propriétaire le gagnera, & vous le donnera. Vous simplifierez la perception; & si la vexation a lieu, vous en préserverez du moins la classe, qui, sans cela, est déja la plus à plaindre.

Remarquez encore que, par le procédé contraire, vous morcelez une partie de l'aisance générale en si petites portions, qu'elle est en pure perte pour les individus, & beaucoup moins utile à la société.

Laissons donc au rang des bienfaicteurs du genre-humain, celui qui inventa la charrue, & celui qui, le premier, y attela des bœufs, & élevons à ce rang tous ceux qui, par d'utiles inventions, auront facilité le travail qui fertilife nos terres, fans en diminuer le produit, ou même en l'augmentant.

En favorifant la meilleure culture des terres, le Souverain remplira la partie la plus effentielle de l'obligation que lui impofent fon devoir & fon intérêt, de pourvoir à la fubfiftance de fes fujets en général.

La terre eft la mere commune. Si elle produit peu, peu d'hommes vivront, ou dans un endroit, ou dans un autre; car, par les preftiges des manufactures & du commerce, on peut déplacer les hommes; on ne les multipliera jamais. C'eft un brigandage autorifé d'un Etat fur un autre, d'une Province fur une autre, des Villes, qui font le gouffre de l'efpece humaine, fur les campagnes, qui en font le berceau.

Jadis les Conquérants étoient des voleurs d'hommes. Philippe, pere d'Alexandre, en enleva, en féduifit, en acheta. Il avoit des terres de refte; il lui falloit des hommes, & il s'en procura par toutes fortes de voies. Les Conquérants Afiatiques déplacerent violemment des nations entieres, & changerent en déferts les Pays conquis, fans remplir le vuide qu'un mauvais régime produifoit dans leurs Etats.

Rome, encore floriffante, tint une conduite contraire. Elle ôta des terres aux vaincus, pour y envoyer des colonies. Mais Rome corrompue & afffervie imita encore en ce point les nations qu'elle avoit fubjuguées. Chaque traité un peu avantageux qu'elle conclut avec les peuples barbares, porta que ceux-ci lui donneroient un certain nombre de recrues pour ses armées. Les Barbares qui enfin détruisirent l'Empire Romain, firent autant de prisonniers qu'ils purent pour multiplier leurs serfs cultivateurs.

Tel fut la conduite de nos peres; quelques-uns, comme les Abares, imiterent les Conquérants Asiatiques, & déplacerent des peuples entiers.

Les Turcs ont long-temps suivi cet exemple.

A ce brigandage a succédé en Europe le systême qui m'a donné lieu de faire cette digression.

Il n'est moins blâmable que l'ancienne méthode, qu'autant qu'il est moins criminel de séduire que de ravir. Mais est-il plus sage? Des hommes transplantés avec violence, étoient des sujets mécontents, mais que la crainte & la nécessité retenoient presque sûrement dans un Pays éloigné où on leur avoit donné des terres. Ils s'échappoient quelquefois, comme les Péoniens que Darius fit transporter dans la Phrygie. Mais s'ils ne s'échappoient pas, ce qui en restoit après la diminution que devoit produire un changement violent, devenoit, à la seconde ou troisieme génération, une acquisition solide & durable.

En suivant le systême moderne, qui n'est qu'un brigandage déguisé & indirect, un Prince met une partie de ses sujets inaliénables dans la masse des hommes non-stables que contient l'Europe, afin d'acquérir des droits aux autres parties de cette masse. C'est-à-dire qu'il perd beaucoup, pour avoir l'espérance incertaine de faire un gain médiocre & peu durable, mais non ſans s'expoſer à faire une grande perte, ſoit par l'émigration, ſoit par l'extinction des races dévouées aux profeſſions qui ne donnent qu'une ſubſiſtance précaire. C'eſt de cette claſſe d'hommes qu'il eſt vrai de dire que l'argent attire les hommes; & que là où il y a de l'argent, là il y a des hommes. Tel eſt un des axiômes qui ont été reçus avec admiration, tant qu'a duré la fureur mercantile à laquelle nous avons été livrés pendant quelques années.

Mais s'il eſt du devoir des Princes de pourvoir à la ſubſiſtance de leurs ſujets en général, c'eſt une partie de ce devoir de ne pas réduire à une ſubſiſtance précaire ceux de leurs ſujets qui peuvent en avoir une aſſurée. Ils pechent donc contre la premiere de leurs obligations, lorſqu'ils favoriſent la ſéduction par laquelle le commerce & les arts de luxe enlevent à l'agriculture & aux autres arts néceſſaires, ceux que ces arts pouvoient nourrir.

Ce n'eſt qu'où finit l'emploi poſſible des hommes à l'agriculture & aux arts de premier beſoin, que doit commencer leur emploi précaire aux arts de luxe. Mais alors ceux-ci n'ont beſoin que d'être tolérés.

On me dira que j'ai donc entrepris de dépeupler les Etats, puiſque, d'un côté, je veux qu'on économiſe la main-d'œuvre dans l'agriculture, & que, de l'autre, je travaille à faire tomber dans le diſcrédit les arts de luxe, qui du moins ſeroient une reſſource pour les hommes reſtés ſans emploi par une ſuite de cette économie.

Ma réponſe à cette objection ſera bien ſimple. Je

nie que, dans l'état où ſe trouve l'agriculture dans toute l'Europe, la plus grande économie de la main-d'œuvre produiſît le déſœuvrement néceſſaire d'un ſeul homme. La raiſon en eſt, qu'en fait d'agriculture, beaucoup de choſes ne ſe font pas, qui devroient ſe faire.

Elles ne ſe font pas, faute d'hommes d'un côté, &, de l'autre, faute d'un aſſez grand produit net des parties en valeur pour fournir aux frais des améliorations ou établiſſements nouveaux. Augmentez le produit net des cultures établies par la diminution des frais, & le propriétaire ſera en état de cultiver ce qui ne le fut jamais, ou de le cultiver d'une maniere qui jamais ne fut en uſage.

A cette réponſe générale, & dont je ne crains point la réfutation, par le détail des faits, j'ajouterai deux obſervations.

La premiere eſt, qu'en augmentant la maſſe de l'aiſance, vous augmenterez néceſſairement l'emploi infructueux, ou moins fructueux, des hommes.

La ſeconde eſt, que vous tirerez de la claſſe des journaliers tous les petits propriétaires que leur fonds ne pouvoit nourrir, & qui en vivront dès que la culture aura été perfectionnée. Tel homme travaille pour autrui dans un temps, qui, dans un autre temps, eſt lui-même obligé d'acheter l'aſſiſtance de ſon voiſin, ou qui, faute de pouvoir l'acheter, laiſſe ſon petit fonds en non-valeur ou à peu près.

Or, ſi vous retranchez de la claſſe des journaliers la majeure partie des petits propriétaires, le nombre en diminuera, & vous entendrez toujours les grands cultivateurs se plaindre de la disette & du haut prix de la main-d'œuvre.

C'est leur plainte ordinaire, me direz-vous, lors même que le journalier meurt de faim. Je ne connois pas tous ceux qui se plaignent, & moins encore tous les journaliers. Ainsi je ne vous dirai pas que tous les cultivateurs ayent raison de se plaindre, ni que tous les journaliers trouvent du travail avec un salaire suffisant; mais je vous répondrai en général, que j'ai un peu plus de confiance dans les premiers que dans les autres pour le fonds des procédés, & que je fais peu d'attention à des plaintes vagues, qui doivent naître de l'opposition d'intérêt.

En effet, le cultivateur pense que le fonds étant à lui, les fruits lui appartiennent en totalité. C'est donc toujours avec quelque regret qu'il s'en voit enlever une partie pour les fraix de main-d'œuvre. Le journalier de son côté pense que, sans son travail, la terre ne produiroit rien. Il mesure donc la valeur de son travail par le produit de la terre; & s'il pouvoit, cette mesure seroit aussi celle de son salaire; en sorte que, si on l'en croyoit, il ne resteroit rien au cultivateur.

Pour réduire ces prétentions contraires à leur juste valeur, il faudroit établir un principe; & c'est sur quoi il est difficile de s'accorder. Ce principe sera-t-il que le journalier doit gagner sa subsistance pour le temps où il travaille, pour celui ou annuellement il ne peut pas travailler, & encore pour celui ou probablement il sera hors d'état de travailler? Les Avocats de ce qu'on appelle l'humanité, & qui n'eſt ſouvent en eux qu'une pitié aveugle ou une envie déguiſée, ſe récrieront contre la dureté d'une regle, qui, dans tous les temps, réduiroit une claſſe d'hommes nombreuſe à leur ſeule ſubſiſtance.

Les cultivateurs, de leur côté, méconnoîtront la ſageſſe de cette regle qui tendroit 1°. à groſſir les ſalaires, ſi, dans la ſubſiſtance des journaliers, on comprend celle de leurs femmes & de leurs enfants; 2°. à rendre ceux-ci dépoſitaires de leur ſubſiſtance à venir, au riſque de la leur fournir deux fois.

Peſons ces différentes objections.

La premiere, qui eſt en faveur des journaliers, ſuppoſe la néceſſité d'un ſuperflu abſolu, où il eſt le moins néceſſaire. J'appelle ſuperflu abſolu, ce qu'un homme a de reſte ſur la totalité de ſa ſubſiſtance, depuis ſa naiſſance juſqu'à ſa mort. Mais, à mon avis, rien n'eſt moins néceſſaire que ce ſuperflu, comme auſſi rien n'eſt plus rare.

Le propriétaire aiſé eſt lui-même content, quand, après avoir vécu dans l'aiſance, il laiſſe à ſes enfants un fonds ſuffiſant pour qu'ils puiſſent vivre comme lui dans l'aiſance.

L'aiſance du journalier eſt un emploi ſuffiſant. Son fonds ſont ſes deux bras. S'il laiſſe tout cela à ſes enfants, il doit être content; car ſa fortune eſt au niveau de celle de l'aiſé, proportion gardée. Demander davantage pour lui, c'eſt diminuer, & par degrés anéantir le produit net, & par conſéquent l'état de ſociété.

En voilà assez contre cette objection à laquelle j'avois répondu d'avance. Venons à celles que j'ai mises dans la bouche des cultivateurs.

Le principe que j'ai établi, tendroit, disent-ils, à grossir les salaires; ce qui tourneroit au grand détriment des cultivateurs. Mais encore faut-il que le journalier vive toute l'année, & nourrisse une femme & des enfants. Il faut donc que les jours ouvrables fournissent aux jours non-ouvrables, les saisons vivantes, aux saisons mortes, les bras qui travaillent, aux bouches qui n'ont point de bras propres au travail. J'ai dit ailleurs que cette subsistance doit être bonne, & telle qu'elle convient à des hommes qui ont besoin de santé & de force. Ce sont autant de conditions auxquelles il ne m'est pas possible de renoncer.

Les jours ouvrables doivent fournir aux jours non-ouvrables; cela est évident: mais il l'est également que rien n'est plus contraire au bien général de la société, c'est-à-dire, que rien ne diminue davantage la masse de l'aisance, que le grand nombre de jours non-ouvrables. Je respecte le Sabat, & j'adore son divin Instituteur. Il étoit digne de sa sagesse, de donner un jour périodique de repos aux hommes, afin qu'ils eussent le temps de se redresser, de lever la tête vers le ciel, & de jouir avec réflexion de la vie & du fruit de leur travail; afin encore que l'interruption du travail journalier leur laissât le temps de réfléchir sur le passé, de raisonner leurs opérations, de se réformer, & de dresser leur plan pour l'avenir. Gardons-nous de toucher à une institution aussi sage & aussi utile. Mais ne faiſons pas un abus, par une imitation mal-entendue, ne faiſons pas un fléau, pour les ſociétés & les individus, de ce qui fut inſtitué pour le plus grand bien des unes & des autres.

Princes, qui devez veiller à ce que la ſubſiſtance de tous vos ſujets leur ſoit aſſurée; & vous, Magiſtrats, qui êtes chargés de maintenir l'intégrité de l'Etat, & d'empêcher les aliénations, comment n'avez-vous pas encore penſé que la terre ne vaut qu'à proportion du travail qui la met en valeur, & qu'ainſi un territoire qui pourroit être cultivé pendant trois cents jours n'a que la moitié de ſa valeur, ſi on ne le cultive que pendant cent cinquante jours? Ou ſi vous avez connu cette vérité, comment n'avez-vous pas compris qu'il n'appartient à aucun particulier dans l'ordre civil, de diminuer le territoire de la ſociété, de voler à l'Etat une partie conſidérable de ſon aiſance totale; que ce pouvoir n'exiſte même nulle part ſur la terre; & que ſi la renonciation volontaire des individus à une partie de leur bien peut ſeule excuſer les Paſteurs qui la leur ont ôtée, c'étoit à vous à empêcher l'effet de cette ferveur aveugle, & à conſidérer le grand & durable intérêt de l'économie générale? Vous auriez vu toutes les branches de cet abus gagner, comme les racines mortelles d'un polype, le cœur même de la ſociété.

Quel ſingulier aveuglement! Cent fois on a fait couler des fleuves de ſang pour s'oppoſer au démembrent du territoire de la ſociété; on en a fait couler peur l'augmenter; & on a ſouffert qu'un citoyen, ou quelques citoyens de concert, ſouvent même un étranger, retranchaſſent ſucceſſivement un tiers de ce territoire par la diminution équivalente du travail qui le fertiliſe !

Quel abus inconcevable, & comment n'a-t-on jamais penſé à en appeller à la puiſſance ſouveraine qui préſide à l'économie ſociale !

Qu'on faſſe enfin ſérieuſement cette réforme, non en ſollicitant vainement la charité qu'aveugle un zele qui n'eſt pas ſelon la ſcience, mais comme elle peut & doit être faite ; & à peine il reſtera ſoixante-cinq jours non-ouvrables, à la ſubſiſtance deſquels fourniront aiſément les trois cents jours reſtants.

On peut, ſi l'on veut, conſulter les habitants de chaque diſtrict, & leur donner le choix des fêtes qu'ils voudront retenir. Sans doute, on ne retiendra pas partout celles qui ont le plus beau nom. Mais qu'importe le nom du jour deſtiné à invoquer l'Etre ſuprême ? Il a créé tous les jours, & il nous les donne tous.

Il n'excepte aucune ſaiſon de cette réforme, & j'en vais dire la raiſon.

Les ſaiſons vivantes doivent fournir aux ſaiſons mortes. C'eſt-à-dire que le journalier, lorſqu'il ne peut pas travailler, doit vivre de ce qu'il a gagné pendant le temps du travail.

Une ſaiſon eſt morte par la briéveté des jours, & l'impoſſibilité des travaux champêtres. Ces deux inconvénients, le ſecond ſur-tout, varient ſelon les lieux ; mais ils exiſtent par-tout, plus ou moins. Or, ſuivant mon principe, il en doit réſulter un renchériſſement de la main-d'œuvre, puisque le journalier doit se faire payer son travail assez cher, pour qu'il puisse en vivre, lorsqu'il ne travaillera pas.

Mais je connois un remede à cet inconvénient. C'est que le journalier ne manque jamais de travail. La possibilité de lui en fournir en tout temps, ne peut être contestée, dès que l'on admettra que l'homme le plus grossier est capable des travaux pénibles de l'agriculture, & du méchanisme facile d'un métier quelconque. Si on nie cette double capacité dans un nombre d'individus, il me reste à dire qu'il n'est pas besoin qu'elle soit générale, puisque l'économie rustique a ses travaux d'hyver, qui demandent un assez grand nombre de bras vigoureux. C'est autant d'occupation qu'il en faut pour les hommes, que leur stupidité rendroit incapables de toute espece d'industrie. Pour les autres, il ne seroit pas difficile de les occuper, en leur réservant la préparation la plus grossiere des matieres destinées aux manufactures, & même la fabricature la plus facile. On augmenteroit cette ressource, en ne souffrant point que, dans les campagnes, il y eût des artisans qui fussent assis & à l'ombre pendant toute l'année, à moins qu'ils ne fussent déclarés incapables de tout autre ouvrage.

Il ne faudroit qu'un peu d'attention, de zele & de jugement, pour composer, dans cette vue, autant de réglements que de districts, & même de villages.

Par-là le journalier, gagnant toute l'année, pourroit gagner moins chaque jour, & l'aisance du cultivateur en seroit beaucoup augmentée.

Mais, ai-je dit encore, les bras qui travaillent doi-

vent

vent gagner assez pour fournir la subsistance aux bouches qui n'ont point de bras propres au travail. Ainsi un journalier doit nourrir de son salaire sa femme & ses enfants.

Rien n'est plus juste; mais il n'en résultera pas un grand surhaussement des salaires, si l'on a soin de fournir du travail aux femmes & aux enfants; & ce doit encore être-là un des objets du réglement dont je viens de parler.

Je doute qu'il y ait un seul pays dans le monde, où il ne fût pas facile de trouver une espece de travail qui convînt aux femmes & aux enfants; & dès qu'on l'aura trouvée, on aura fait beaucoup pour la diminution des salaires, & pour le bien-être des familles. Je voudrois seulement beaucoup de sagesse dans la répartition des travaux de cette espece, afin que les garçons, dans leur bas âge, fissent l'apprentissage, non d'un métier qui ne leur conviendroit plus lorsqu'ils seroient grands & robustes; mais en premier lieu & avant tout, des travaux champêtres; & en second lieu, du métier qui devroit un jour vivifier pour eux les saisons mortes.

Sans doute, il y auroit des années & des temps où, dans chaque ménage, le travail des enfants seroit nul, & où celui de la femme seroit interrompu, & peu fructueux. Mais ces temps, qui seroient, pour l'ordinaire, ceux qui suivroient la formation de chaque ménage, auroient été précédés par un autre temps où un jeune homme sans famille auroit gagné pour lui seul autant que gagneroient les peres de famille, & il s'établiroit un équilibre par la compenſation naturelle, & aſſez exacte, de ces différents temps ; en ſorte que, du réglement que nous propoſons, il réſulteroit toujours une diminution des ſalaires en général.

Il faut dire la même choſe des maladies, quoique, dans le fait, il fût très-à-propos que chaque communauté prît ſur elle la maſſe de ces accidents, afin qu'il n'en réſultât aucun dérangement conſidérable dans la petite économie des familles.

Enfin, reſte la vieilleſſe, pour laquelle il paroît juſte que la jeuneſſe faſſe des proviſions ; & c'eſt ſur quoi roule la ſeconde objection. Elle ſuppoſe que ces proviſions ſeroient un dépôt remis en des mains peu ſûres, & l'expérience paroît confirmer ce ſoupçon.

Il y a cependant une proviſion qui manquera rarement aux vieillards, lorſque les mœurs ſeront bonnes. Ce ſeront leurs enfants, qui ſe trouveront dans la force de l'âge, & dont le travail ſuppléera à celui de leurs peres. Mais ſi ces derniers ont une pareille reſſource, elle ſera rarement ſans celle des petites épargnes qu'ils ſe ſeront trouvés en état de faire, ſinon dans leur jeuneſſe, au moins dans le temps où la vigueur de leurs enfants entroit dans ſa maturité, & où la leur ne l'avoit point paſſée.

Cette reſſource manquera, ſans doute, aux peres, que leurs enfants abandonneront, parce que cet abandon ſera la ſuite & la preuve d'un déſordre, qui, depuis long-temps, aura dérangé l'économie domeſtique ; & rarement les peres, qui ſe trouveront dans ce cas, ſeront innocents de leur malheur.

Mais il n'y a point de surhaussement de salaire qui puisse prévenir cet excès d'infortune. Ce ne peut donc être sur sa possibilité que l'on en regle le prix ; & le seul remede qu'on y puisse apporter, il faut le chercher dans la charité publique, d'un côté, lorsque le mal est fait ; & de l'autre, dans une loi capable de le rendre rare, en flétrissant pour toute leur vie les fils ingrats qui auront abandonné leurs peres. Dans l'hypothese d'une réforme, j'exclurois ces malheureux de tout ce qui peut décorer & adoucir leur état, ou les en faire sortir ; ils seroient immuablement les derniers dans leur communauté. Mais l'infortune est toujours digne de pitié ; & puisque l'agriculture a ses invalides, elle devroit avoir ses hôpitaux. Une rétribution annuelle & fixe, qui mettroit le vieillard infirme en état de subsister, ou que l'on payeroit au voisin charitable qui voudroit bien s'en charger, seroit la charité la mieux entendue.

Je voudrois cependant qu'on mît une différence entre les vieillards. Celui-là seroit le mieux traité, qui, sans qu'il y eût de sa faute, seroit tombé dans la misere, & que la communauté reconnoîtroit pour avoir été bon & honnête travailleur. On traiteroit moins bien celui qui auroit des enfants ingrats, quoique d'ailleurs il eût personnellement pour lui le témoignage de la communauté. Le moins bien traité de tous seroit celui qui n'auroit point le témoignage de la communauté, & contre qui déposeroit en même-temps la conduite de ses enfants. Enfin, je ne laisserois pas sans soulagement le journalier émérite que nourriroient des enfants vertueux.

On fixeroit le temps de la vétérance à ſoixante, ſoixante-cinq ou ſoixante-dix ans, ſuivant les lieux & le genre du travail; & l'heureux vieillard qui feroit parvenu à cet âge au milieu d'une famille vertueuſe, dont la communauté lui ſeroit redevable, recevroit d'elle ou une rétribution annuelle, s'il vouloit l'accepter, ou une place entre les membres de la claſſe ſupérieure à la ſienne, ou un don qui augmenteroit ſon aiſance.

Par des arrangements ſemblables, on encourageroit le travail, & on ſurchargeroit peu les communautés. Ce qu'il en coûteroit aux cultivateurs pour ſubvenir à ces charges, ils le regagneroient abondamment par la vivacité & la fidélité du travail, & par une diminution réelle & proportionnelle des ſalaires.

Ce ſera ainſi que l'on conciliera les conſeils d'une humanité éclairée, & ceux d'une ſage politique, qui veut que la maſſe du produit net ou de l'aiſance ſoit la plus grande qu'il eſt poſſible, puiſqu'elle eſt la meſure de la puiſſance.

CHAPITRE XI.

Causes de la décadence de l'Agriculture. Que les moyens de la rétablir seront ceux d'empêcher une nouvelle décadence. Que c'est un double devoir du Souverain ; mais qu'il ne peut remplir seul. Nécessité d'un corps intermédiaire dans l'ordre de la subsistance. Plan pour sa formation.

FAVORISEZ, rendez florissante la culture de votre territoire; & vos devoirs, par rapport à la subsistance de vos sujets en général, seront remplis. C'est-là le premier, le second, le dernier moyen que vous devez mettre en œuvre, tant que vous n'aurez pas plus d'hommes que votre terre n'en peut nourrir. Or, vous saurez que vous n'êtes pas dans ce cas, tant que vous aurez des terres ou inutiles ou en mauvais rapport, & aussi tant que vous enverrez à l'étranger une quantité considérable de grains, ou que seulement vous y enverrez beaucoup de denrées de votre crû, sans en rien tirer pour la subsistance de vos sujets : car, à coup sûr, en retour de ces denrées, il entrera chez vous, ou des marchandises dont vous pouvez vous passer, & en ce cas, la subsistance de beaucoup d'hommes se change encore chez vous en superfluités ; ou de l'argent, qui s'accumulera, & dont la masse, devenue excessive, vous mettra enfin hors d'état de rien vendre à vos voiſins appauvris. Qu'arrivera-t-il alors? C'eſt ce que je ne dois pas encore examiner ici. La queſtion eſt aſſez intéreſſante pour que je me réſerve de la traiter ſéparément.

Le grand moyen, le moyen unique, ai-je dit, d'aſſurer la ſubſiſtance de tous les citoyens, eſt de rendre l'agriculture floriſſante.

Ce n'eſt donc point à chercher d'autres moyens de remplir ce but, que le Prince doit donner ſon attention; c'eſt à chercher ceux par leſquels il pourra parvenir à perfectionner la culture de ſon territoire.

Depuis que mes yeux ſe ſont ouverts pour le grand ſpectacle du monde, j'y ai vu jouer deux ſcenes, qui m'ont prouvé que l'empire du bon ſens eſt encore aſſez grand ſur la totalité des habitants de l'Europe.

J'ai vu naître chez une nation enthouſiaſte la fureur du commerce. C'étoit une parodie de la manie avec laquelle deux nations voiſines avoient fait du commerce la baſe de leur puiſſance, & l'objet conſtant de leur attention. Pour imiter la premiere, & s'égaler aux deux autres, toute l'Europe retentit des deux grands mots, *d'importation ou d'exportation.* On parut ſe remuer partout; mais ce n'étoit qu'un trémouſſement, qui ne déplaça rien, ou preſque rien. On écrivit pourtant beaucoup, & ſans ménagement, pour l'agriculture, qu'on aſſerviſſoit au commerce, & pour les finances, dont on vouloit l'affranchir.

L'agriculture gémit de ce qu'on alloit augmenter ſur elle la tyrannie d'un fils ingrat. La finance ſourit, &, dans pluſieurs Pays, elle s'empare des plus belles maximes sur la balance du commerce, & sur les tarifs qui en sont l'aiguille, pour s'en faire une source nouvelle d'exactions aux dépens de ce commerce même qu'elle sembloit vouloir caresser.

Le moment vint où la nation, qui avoit orné de son style le panégyrique outré du commerce, & qui, ayant l'empire des modes, avoit donné son attache à cette partie de l'économie publique; le moment, dis-je, vint où cette nation se vit à la veille de perdre tout son commerce, & ne voulut pas s'avouer à elle-même qu'elle étoit sur le point de périr, sans avoir perdu un pouce de son territoire. Elle avoit entrevu superficiellement l'agriculture dans les discussions sur le commerce. Quelques bons esprits, chez plusieurs nations, ou, par la justesse du coup d'œil, ou par le désespoir de faire de leur patrie un Etat commerçant, avoient ramassé cette idée accessoire pour en faire leur objet principal. Enfin, l'importance de cet art primitif avoit acquis une apparence, qui pouvoit être apperçue par les citoyens attentifs. L'infortune excite l'attention pour tout ce qui peut l'adoucir ou la réparer. Tout-à-coup naquit l'enthousiasme de l'agriculture, & il eut sur celui qui l'avoit précédé, l'avantage d'être soutenu par une réalité palpable, ou par cette évidence, qui ne veut qu'être apperçue, pour frapper & subjuguer.

L'enthousiasme du commerce avoit à peine donné naissance à un établissement nouveau, celui de l'agriculture se signala chez presque tous les peuples policés, par des établissements, dont l'objet ne pouvoit être plus noble, & dont l'utilité fut reconnue par tous les bons esprits.

Il a donc été décidé, dans ces derniers temps, que le bon ſens eſt encore l'appanage de toutes les nations, & que, pour agir, il ne demande qu'à être éclairé par le génie.

Un peuple pêcheur a élevé une ſtatue à un homme vil, qui inventa l'art de rendre la pêche plus profitable. N'en éleverons-nous point à ces hommes de tous les ordres, qui nous ont réveillés plus encore qu'éclairés, à ces hommes, dont les nobles travaux tendent à élargir la terre, à affermir les ſociétés, à en bannir la miſere? Mais faiſons plus encore pour eux. Efforçons-nous de les ſeconder. La proſpérité générale ſera la plus digne récompenſe de leur zele patriotique, de leur humanité éclairée, de leurs utiles entrepriſes.

Mais c'eſt ſur-tout à vous, qui gouvernez de grands peuples, à vous, à qui nous avons vendu une portion de notre liberté pour avoir du pain, & le manger en paix avec nos enfants, c'eſt à vous, peres de la patrie, à protéger cet art nourricier de tous les arts, & à ne plus abandonner au haſard la ſubſiſtance du nombreux troupeau que le Ciel & nous vous avons confié.

N'eſt-il pas ſurprenant qu'on ait créé des Magiſtratures, établi des miniſteres, formé des corps & des tribunaux pour veiller ſur-tout le reſte, & qu'on n'ait rien fait de ſemblable pour aſſurer & multiplier la ſubſiſtance des peuples?

Des milliers d'hommes ſont occupés à percevoir ce qui ne doit être qu'une portion de ſuperflu des citoyens; & à peine trouve-t-on un homme qui, par état, soit chargé de veiller à ce qu'ils ayent le nécessaire. On a fait de grands établissements; on a déployé une protection puissante pour assurer & augmenter l'échange des denrées nécessaires, contre d'autres denrées, la plupart superflues, ou contre des métaux, dont personne ne se nourrit : & on n'a point pensé à diriger ni à favoriser la production de ces denrées nécessaires, sans l'abondance desquelles l'échange est impossible ou ruineux. On a même fait plus : on n'a rien oublié pour en tarir la source, soit en enlevant autant de bras qu'on l'a pu aux travaux qui les produisoient, soit en affoiblissant les bras restés à ces travaux, par l'abandon, l'oppression & la misere.

Quel a été notre aveuglément, quand nous avons fait tout ce qui a dépendu de nous pour étouffer, non-seulement notre mere, mais la nourrice qui nous allaite, & sans laquelle nous péririons!

Mais c'est-là le crime de la finance, dira-t-on, & non celui de la nation.

Eh bien, l'abandon de l'agriculture, n'est-il pas un crime national? C'est une faute du Prince, qui devoit la favoriser; c'est une faute du Magistrat, qui devoit arrêter la désertion encouragée par tant de réglements; c'est une faute de tant de possesseurs, qui ont rempli les Villes; c'est une faute de la Noblesse, dont une partie ne connoît pas même ses terres.

Quel ordre est donc innocent de cet abandon que j'appelle un crime national? Mais combien de citoyens sont coupables du crime plus grand encore, que j'appelle oppression; & combien les criminels de cette premiere espece en ont-ils fait de la seconde!

A-t-on cru que le troupeau d'esclaves, condamné à travailler la terre, étoit attaché à sa profession, par l'habitude, l'ignorance & la nécessité? Mais il ne falloit donc pas interrompre cette habitude, en enlevant tant d'hommes à la charrue; il ne falloit donc pas montrer aux autres tant de chemins pour sortir de la misere; il ne falloit donc pas les inviter à la désertion, ni la leur faciliter.

A-t-on cru que les lumieres, l'intelligence, l'aisance & les secours qui y suppléent, étoient inutiles pour faire prospérer cet art si nécessaire? Mais les brûtes ne cultivent point, & l'homme ne cultive que parce qu'il est doué d'intelligence: comment n'en auroit-il donc pas besoin pour exercer un art qui la suppose dans son origine & ses progrès? N'en doutons point; l'agriculture, dans son enfance, fut plus parfaite qu'elle ne l'est aujourd'hui. Le génie, qui l'avoit inventée, l'éclairoit encore. Depuis lors, elle a été abandonnée à la routine qui ne raisonne point, à la paresse, qui calcule mal pour diminuer les travaux, à la misere, qui ne peut les faire tous, & qui laisse tomber dans l'oubli les meilleures pratiques, dès quelles sont un peu coûteuses.

Prouvez-moi qu'un article qui vit chaque jour du travail qu'il fait dans la journée, & qui n'a le moyen ni d'acheter de bonnes matieres, ni de se procurer de bons outils, ni de quitter son attelier pour observer & consulter, ni de perdre ce qu'il pourroit gâter en faisant des essais; prouvez-moi, dis-je, qu'un tel artiste doit être aussi habile qu'un autre artiste à qui rien de tout cela ne manque, & je croirai que l'agriculteur ignorant & mal-aisé pourra obtenir les mêmes succès que le cultivateur éclairé, opulent & propriétaire.

A cette derniere qualité, que je desire dans le cultivateur, opposez dans les autres professions la qualité de compagnon condamné à travailler toute sa vie pour autrui, & vous verrez que cette comparaison vous conduira jusqu'à douter qu'il y ait encore une agriculture.

Heureusement tous les inconvénients que je viens d'indiquer, n'ont pas existé généralement ni dans tous les temps, ni dans des régions entieres; & c'est-là, sans doute, ce qui a préservé l'agriculture d'une plus grande décadence.

C'est à l'en relever qu'il s'agit de travailler sérieusement, & c'est à la préserver d'une rechûte pour l'avenir que doivent aussi penser les Princes qui connoissent toute l'étendue de leurs devoirs.

Un même établissement doit remplir ces deux objets, puisque les moyens doivent être les mêmes pour rétablir l'agriculture, & pour la soutenir dans un Etat florissant. C'est la partie la plus essentielle dans l'ordre de la subsistance, & j'ai dit que tout Gouvernement sage & modéré suppose des corps intermédiaires dans chaque ordre principal. Il doit donc y avoir un corps de cette espece, qui soit chargé de veiller à la subsistance des peuples.

Dans l'ordre des mœurs, ai-je dit, la Noblesse est essentiellement un corps intermédiaire, aussi utile qu'esfentiel ; dans l'ordre de la justice, ce font les grandes compagnies de magistrature ; dans l'ordre de la perception & des revenus publics, ce font les représentants des contribuables aidés & contenus par ceux qui ont essentiellement les mêmes intérêts, mais qui, par état, font doués d'un plus grand attachement pour la personne du Prince, & d'un zele le plus ardent pour la défense & la gloire de l'Etat.

Dans l'ordre de la dépense ou de l'emploi des revenus publics, ce doit être une compagnie laborieuse, integre, & censurable par les représentants des contribuables.

Nous avons quelqu'idée de tous ces corps, parce que, ou ils existent, ou l'on en voit une ombre.

Ce n'est que dans l'ordre de la subsistance nationale que nous n'avons pas même d'exemple à citer d'un corps intermédiaire.

Cependant par-tout où il y a devoir & autorité du côté du Prince pour l'inspection & la direction générale, possibilité d'erreurs & d'abus, nécessité d'une transmission de lumieres & de volontés, immensité de détails, là aussi un corps intermédiaire est indispensable.

Le Prince peut manquer à son devoir par négligence, par ignorance, ou par erreur. Il peut abuser de son autorité par excès ou par défaut, ou par mauvais emploi. Le Prince & la nation peuvent se méprendre également sur leur véritables intérêts, par l'effet d'un enthousiasme que feront naître des intérêts particuliers. Il peut se glisser des abus généraux & particuliers, qui ne pourront être facilement apperçus par quiconque ne verra ni la totalité du territoire ni l'ensemble de toutes les parties.

Le Prince plus éclairé n'aura point de moyen convenable pour propager ses lumieres. La nation, qui sentira le bien & le mal, n'en appercevra la cause que très-confusément, & n'aura point d'organe pour faire parvenir à la connoissance du Prince ce qu'elle sent & ce qu'elle pense. Des ordonnances exciteront le desir de contredire, & ne produiront que des volontés imparfaites & inactives, où plus de confiance feroit naître une volonté entiere & efficace. Une partie des détails sera négligée, & l'autre mal présentée ; & quand elle le seroit bien, elle donnera lieu à de mauvais réglements : faute d'une combinaison suffisante de tout ce qui a des liaisons & des rapports réciproques, l'ensemble sera mal connu ; & du rapprochement de chaque partie, même bien connue, avec un ensemble imparfait, il résultera un jugement fautif, & un réglement ou tout-à-fait mauvais ou très-défectueux.

Je n'entrerai point dans l'examen du passé, pour prouver par les faits que tous ces inconvénients ont existé, faute d'un corps intermédiaire. Je me bornerai, dans cette vue, à deux remarques. La premiere regarde l'abus de l'autorité. N'étoit-il pas aussi palpable qu'indécent & cruel dans la conduite que tenoient certains Magistrats pour faire regorger de grains une Province surchargée de sa fertilité, pendant que la Province voisine étoit dans la disette ? On arrêtoit une riviere pour faire, au profit d'un homme, un monopole honteux de son eau. J'ai entendu parler de ce désordre dans un Pays qui m'est cher; je l'ai vu dans un autre; une prohibition de la sortie des grains fut publiée dans une circonstance semblable. Un frippon autorisé, qui avoit été l'auteur de la prohibition, en vendit des exceptions; & dans une matinée, il gagna une somme qui auroit fait la fortune d'un honnête homme.

J'ai vu dans ce même Pays, le Souverain lui-même, (le croira-t-on?) prolonger une prohibition ruineuse, jusqu'à ce que son favori eût vendu les permissions, jusqu'à la concurrence d'une somme qui lui avoit été fixée. Je supprime les détails encore plus incroyables de cette étrange manœuvre.

Quant au defaut de lumieres, n'est-ce pas un spectacle qui mérite toute l'attention des gens sages, qu'aujourd'hui on propose comme obscures des questions que le bonheur devroit avoir décidées depuis longtemps, que l'on écrive longuement pour prouver des vérités qui paroissent évidentes dès qu'on les considere avec la plus légere attention, que les sentiments soient scandaleusement partagés sur des maximes dont la vérité ou la fausseté intéressent l'essence même de la prospérité publique, & sur lesquelles il semble qu'on eût dû se décider avant même d'entreprendre de jetter les fondements de l'administration publique?

Mais ne soyons point les dupes d'une fausse apparence. Ce qu'on discute aujourd'hui si laborieusement, fut en grande partie très-décidé, je ne dis pas chez les Grecs, les Romains, & plusieurs autres peuples anciens, mais chez nos bisaïeux.

Telle pratique, qu'il eſt aujourd'hui très-difficile de rendre générale, quoique ſon utilité ſoit reconnue, fut autrefois la ſource d'une grande abondance.

Je n'en veux d'autre exemple que l'uſage de la Marne. On découvrit les propriétés de cet engrais au temps de Charles-le-Chauve; & l'uſage en devint ſi fréquent, qu'il fut dès-lors l'objet d'une ſanction nationale, par laquelle il fut décidé, contre la prétention des ſerfs & colons, que ceux d'entr'eux qui avoient été obligés au charroi du fumier, charrieroient la Marne, ſubſtituée au fumier par les propriétaires à qui ils devoient ce ſervice.

Mais ſans remonter à cette haute antiquité, qui n'a pas vu de vieilles marnieres, dont le temps n'a encore pu effacer les traces, mais dont on n'a fait aucun uſage de mémoire d'homme; & pour citer un autre exemple, qui n'a pas vu dans des prairies, aujourd'hui preſque ſtériles, les veſtiges des anciens travaux qui les rendirent fécondes, & qu'il ſuffiroit de renouveller pour les remettre en valeur?

Tout le monde ſait que nos peres étoient dans l'uſage d'enclore leurs meilleurs fonds; qu'ils le faiſoient même avec une dépenſe qui nous étonne aujourd'hui, quand nous la comparons avec la médiocrité du produit actuel de ces fonds; & cependant on en eſt réduit à recommander avec peu de ſuccès cette utile pratique.

Il eſt donc prouvé que l'agriculture peut dépérir après avoir été floriſſante, quelle qu'en ſoit la cauſe, & qu'ainſi il ne ſuffit pas de la rétablir, qu'il faut encore pourvoir à ce que ſon amélioration ſoit durable.

Et qui peut dire ſi les pratiques que l'on croit aujourd'hui ne pouvoir trop recommander, ne deviendront pas, par un excès impoſſible à prévoir, la cauſe d'une nouvelle décadence? Qui peut dire qu'un nouvel abus dérivant ou de la corruption des mœurs, ou de la demi-ſcience d'un Miniſtre, ne portera pas encore des coups mortels à cette partie eſſentielle de l'économie publique?

La ſurcharge & la répartition vicieuſe des impôts ont beaucoup nui à l'agriculture. La politique, qui a déplacé la plupart des riches propriétaires, lui a peut-être encore plus nui; l'inſtitution & le deſpotiſme de certains Bachas, tout-puiſſants dans l'ordre de la ſubſiſtance, toujours envahiſſants dans tous les ordres, ont plus fait encore. Par-là a été outré ce que la politique avoit commencé; l'éloignement des grands & des riches pour la Province, où ils devenoient les eſclaves d'une eſpece de Magiſtrat, dont la conduite & les fonctions n'étoient réglées par aucune loi certaine.

A-t-on connu juſqu'ici un procédé régulier pour aſſurer la juſte proportion des quotes-parts d'une ſubvention générale, avec l'état actuel, & ſouvent momentané, de chaque Province?

Je ne ſache pas que le miniſtere le mieux intentionné eût eu juſqu'ici d'autre moyen de parvenir à cette juſte proportion, que les relations des Bachas dont je viens de parler.

Or, quel fond peut-on faire ſur les rapports ſecrets d'un homme, unique dans chaque Province, d'un homme

homme qui peut être ignorant, capricieux, dur ou compatiſſant à l'excès, qui ne peut ſouvent connoître ſon département que d'une maniere très-imparfaite, & qui, quand il le connoîtroit, ne pourroit indiquer le rapport de ſon état avec celui des autres départements qu'il ne connoît pas ? L'un, rempli d'une idée, préſentera une choſe de la maniere la plus analogue à cette idée, qui n'eſt que dans ſa tête; l'autre, prévenu d'une autre idée, préſentera la même choſe d'une autre maniere. Mais de plus, tous ces différents tableaux seront préſentés, non à un ſeul homme, mais à quatre ou cinq, qui ne conſulteront jamais enſemble ſur ces ſortes de matieres, & dont trois ou quatre n'auront aucune part à ce qui ſe paſſera dans le département de la taxation & de la perception.

Comment, du défaut de concert, de diſproportion qui doit en réſulter, ne naîtroit-il pas une diſcordance funeſte ?

Mais quel remede peut-on apporter à ce mal, ſi on ne ſubſtitue pas les corps aux individus, & ſi on n'établit pas une correſpondance générale qui ait un centre commun & unique ?

Ici les prérogatives perſonnelles, l'état, le crédit, ſont des attributs étrangers à l'objet que nous devons nous propoſer.

Il nous faut des hommes de tous les diſtricts, parce que nous avons beſoin de connoiſſances locales; des hommes qui ayent pratiqué les arts relatifs à la ſubſiſtance, & dont pluſieurs les pratiquent encore, parce que nous n'avons pas besoin de raisonneurs éloquents; mais de gens expérimentés.

Il nous faut des centres particuliers où aboutissent les notions détaillées, & dont partent les réglements ou les conseils qui y seront relatifs, & où se forment les résultats qui devront être portés au centre commun.

Il nous faut aussi une gradation de lumieres, de génies, & de facultés, & encore une multiplication de nombre en partant du centre à la circonférence, comme d'un seul tronc partent plusieurs racines.

D'après toutes ces considérations, 1°. qu'il soit ordonné aux nobles & aux aisés de chaque district de se former en grand comité d'économie publique, pour élire eux-mêmes, par la voie du scrutin, sept d'entre eux en qualité d'associés, savoir trois nobles, & quatre non nobles.

2°. Que ces sept associés nomment à la pluralité un négociant, s'il y en a dans le canton, & autant de fabricants qu'il se trouve dans le lieu de différentes fabriques, lesquels, tous ensemble, seront agrégés au bureau.

3°. Que les sept associés nomment un secretaire perpétuel du bureau, avec des gages.

4°. Que les associés ayent encore droit de nommer des externes, entre lesquels seront choisis par la suite leurs successeurs, & qui, jusques-là, auront droit d'assistance.

5°. Que les mêmes ayent droit d'accorder l'association honoraire aux moindres cultivateurs, & aux artisans qu'ils jugeront mériter cette distinction.

6°. Que les associés & agrégés se réunissent pour l'élection d'un ou de deux députés pour le bureau général de la Province.

7°. Que ce bureau général soit composé de vingt députés pour le moins, d'un Président & de deux Secretaires, l'un, pour la correspondance avec les cantons, l'autre, pour les travaux scientifiques.

8°. Que le bureau provincial élise trois députés tous les trois ans, deux pour l'agriculture, & un pour les fabriques & commerce, lesquels devront se rendre dans la Capitale pour y passer quatre mois d'hyver, & y tenir, avec les autres députés de la Province, l'assemblée générale d'économie.

9°. Que chaque député soit tenu à un service de trois ans, & ne puisse en faire un de plus de cinq ans.

10°. Que le bureau général nomme chaque année une chambre des vacations, composée de douze membre au moins.

11°. Que dans tous les temps il y ait près l'assemblée & la chambre, 1°. deux Procureurs-Généraux, l'un nommé par le Souverain, & l'autre par l'assemblée, mais tous deux perpétuels & avec gages; 2°. deux Avocats-Généraux en la même maniere; 3°. un Greffier, aussi perpétuel & avec gages; 4°. un Président, élu alternativement par chaque bureau provincial, & confirmé par le Souverain.

12°. Qu'à cette assemblée soient présentés avant tout les projets quelconques d'édits & déclarations concernant les finances, l'agriculture & le commerce, pour ce qui concernera les formes seulement en matiere de finance, & le fonds en matiere d'agriculture & de commerce.

13°. Que lors de la répartition des subventions par les représentants des contribuables, il soit avant tout demandé à l'assemblée économique d'en donner son avis; & qu'après la rédaction de la répartition, le plan en soit rapporté à la même assemblée, pour être agréé ou critiqué par elle, sauf le droit de décision appartenant toujours à l'assemblée des représentants; sauf aussi à l'assemblée économique le droit exclusif de remontrance sur la qualité de la subvention générale.

14°. Que, de l'assemblée & par son choix, il soit formé un bureau ou comité pour la partie scientifique, avec adjonction d'un secretaire perpétuel.

15°. On ne donne point à cette assemblée de secretaire pour la correspondance, parce qu'un député de chaque Province en sera changé avec le bureau qui l'aura élu.

En voilà assez pour développer l'idée que je propose d'un corps intermédiaire dans l'ordre de la subsistance.

Son institution n'exclut point les fonctions des Inspecteurs royaux. Sa constitution les suppose au contraire, puisque, sans la possibilité d'une diversité dans les sentiments & les notions adoptées par le Gouvernement sur le rapport des Inspecteurs, sans la nécessité des informations & autres procédures, les places de Procureurs & Avocats généraux seroient ici superflues. Ce n'est pas que je veuille attribuer à l'assemblée aucune jurisdiction criminelle; mais je demande que, par un Arrêt, elle ordonne la dénonciation aux Cours de Justice, & charge celui des Procureurs qui aura poursuivi cet arrêt, de faire la dénonciation, & de saisir de l'affaire le Procureur général de la Cour de Justice à laquelle en appartiendra la connoissance.

Les Avocats généraux plaideront toujours l'un contre l'autre, hors le cas où le Souverain d'une part, & l'assemblée de l'autre, nommeroient d'office un ou deux députés pour remplacer chacun son Avocat.

Dès qu'on veut éviter les inconvénients funestes de la surprise de l'arbitraire, il faut tomber dans les difficultés gênantes & minucieuses des formes. Mais le choix est-il embarrassant ?

Au reste, il ne faut pas croire qu'un pareil établissement pût donner naissance à un nouveau genre de chicane ; l'esprit qui la produit ne régneroit dans aucune partie de ce corps nombreux.

Tous les citoyens qui mériteroient vraiment ce titre, concourroient à la formation des premieres classes qui rempliroient, pour ainsi dire, tout état. Leur intérêt régleroit leur choix; mais cet intérêt seroit celui d'être éclairés, & d'éclairer les classes supérieures jusqu'au Souverain. Or, cet intérêt n'a rien de sordide, ni de contentieux, & d'ailleurs tant d'intérêts confondus & combinés ensemble seroient infailliblement l'intérêt de la patrie. Les bureaux des Provinces seroient formés par l'élection des premieres classes, & ceux qui les composeroient serviroient gratuitement. Nuls salaires, nuls profits, par conséquent nul intérêt à fomenter les querelles; & quels seroient d'ailleurs les débats dont les classes inférieures pourroient s'occuper uniquement pour l'instruction des procès, à la réquisition de l'assemblée générale, qui, seule, en pourroit connoître? Des différences notables entre les rapports des Inspecteurs royaux, & les notices parvenues à l'assemblée générale par la voie des bureaux, des diversités d'opinions sur certains points d'économie, desquelles pourroit résulter la perplexité du Législateur, des jugements à porter sur les Livres nouveaux qui pourroient contenir des maximes pernicieuses, quelquefois, mais très-rarement, & seulement dans les cas les plus graves, l'extension de ces jugements à la personne des auteurs.

Il n'y a rien-là qui puisse fournir à la chicane l'aliment qui lui est propre. Elle se trouveroit plutôt dans l'examen des procédés qui pourroient tendre à la diminution de l'agriculture & de l'industrie, tels que la concussion, les vexations, la subreption de privileges exclusifs, le monopole & autres délits de cette espece, que l'assemblée se borneroit pourtant à qualifier, pour les déférer ensuite aux Cours de justice. Mais si c'étoit-là une nouvelle source de plaidoiries, pourroit-on en faire la matiere d'une objection contre mon plan; & n'est-il pas plutôt évident que si nos Verrès ne sont ni poursuivis, ni flétris, ce n'est pas que nous n'en ayions point, mais c'est qu'il nous manque essentiellement une institution pareille à celle que je propose?

Après ce que j'ai déja dit, est-il besoin de détailler encore les fonctions du corps économique? Je pourrois m'en dispenser; mais comme ce détail est en même-temps celui des devoirs du Souverain, relativement à la subsistance du peuple, je ne dois point sacrifier des vérités utiles à une brièveté peut-être plus élégante.

CHAPITRE XII.

Fonctions, devoirs & droits des corps intermédiaires dans l'ordre de la subsistance ou des sociétés. Bureaux & Cours économiques.

SI nous n'avions besoin que de pain, ou que cet aliment fût le seul dont nous puissions vivre, l'économie publique, en tant qu'elle concerne la subsistance, embrasseroit un nombre beaucoup moins grand de combinaisons; & les devoirs du Souverain, ainsi que les fonctions de ses coopérateurs, seroient beaucoup plus bornés.

Mais nous ne vivons pas seulement de pain; & outre la nourriture, il nous faut le vêtement, le logement, & des armes pour nous défendre. Il nous faut encore les fruits de l'aisance qui en sont aussi l'emploi, & qu'on peut appeller les commodités & l'ornement de la vie; besoins factices, il est vrai, mais aiguillon nécessaire de l'industrie, & lien indispensable de toute société nombreuse & florissante.

Il vaut mieux que les hommes soient moins nombreux, & ne soient ni sauvages, ni misèrables. C'est une nécessité que cela soit ainsi; & je crois que la nécessité est la marque la plus assurée de la volonté de l'Etre suprême qui nous créa, & sans la providence duquel nous ne sommes pas devenus ce que nous sommes.

Nous avons donc deux objets à rapprocher, deux choses à combiner ; d'un côté, la masse totale de nos besoins, tant réels qu'imaginaires ; de l'autre, la totalité de notre territoire.

Si nous avons des besoins auxquels nos terres ne puissent suffire, c'est une circonstance fâcheuse, une grande irrégularité, & la matiere de nouvelles combinaisons.

La masse totale de nos besoins doit encore être combinée avec le nombre des hommes qui ont ces besoins ; & la totalité de notre territoire, avec le nombre des bras qui le cultivent.

Pour que nous soyons dans le meilleur état possible, il faut 1°. que, tous ensemble, nous n'ayions qu'autant de besoins que le produit de notre territoire peut en satisfaire, ou directement ou indirectement. J'ajoute cette derniere condition dans la supposition des besoins étrangers ; s'il y a plus de besoins que de produit, quelques-uns d'entre nous seront misérables, s'en iront, ou du moins n'auront point de représentants dans la génération suivante.

Il faut 2°. que nos besoins absorbent tout le produit de notre territoire ; car s'ils ne l'absorbent pas, nous sommes donc moins nombreux que nous ne devrions l'être : il y a donc une partie de notre territoire qui est en non-valeur, soit qu'on ne la cultive pas, ce qui est une soustraction d'une partie de la terre à sa destination, une véritable diminution de notre territoire; ſoit qu'une partie du produit ſe gâte ſans être conſommée, d'où réſulte l'inutilité des travaux qui ont excité cette production, & le découragement de l'induſtrie.

Concluons delà que la totalité des beſoins doit répondre exactement à la totalité du territoire, & réciproquement; & que c'eſt en quoi conſiſte la plus haute perfection dans cette branche de l'économie publique.

Mais voici la matiere d'une autre combinaiſon.

Toute terre ne produit pas tout; & entre les différents uſages auxquels on peut appliquer un fonds, l'un eſt plus avantageux que l'autre, par l'abondance ou la qualité du produit.

Autre circonſtance encore, qui mérite d'être peſée. Toute terre ne produiſant pas tout, il ſera avantageux, dans un Pays, de ne demander à la terre que ce qu'elle produira bon & en quantité, & de compter pour le reſte ſur les échanges. Mais ſi le tranſport eſt difficile, l'échange deviendra déſavantageux; d'où réſultera la néceſſité d'une autre combinaiſon, ſoit qu'il faille changer dans le Pays la nature du produit par l'induſtrie, ſoit qu'il ſoit plus avantageux de demander à la terre ce qu'elle donnera moins volontiers, ſoit encore que ce ſoit préciſément de quoi on a beſoin, ſoit que cette production, arrachée par l'induſtrie, ſoit la matiere d'un échange avantageux.

Dans un grand territoire, ces combinaiſons ſe multiplient preſqu'à l'infini; & c'eſt toujours parce qu'on les fait mal, qu'un canton ſe ruine, tandis que l'autre proſpere; que l'un manque d'habitants & de culture, pendant que, dans l'autre, les hommes se pressent & s'étouffent, pour ainsi dire, les uns les autres.

Il suffit, par exemple, pour ruiner un Pays, qu'il ne fournisse point d'occupation aux habitants pendant l'hyver.

Il suffit encore, pour en dépeupler un autre, qu'on s'y attache à un seul genre de produits, dont la défaite est difficile. On en est surchargé une fois tout au plus. Bientôt on ne cultive plus que les terres qui produisent à peu de fraix. Cette économie des fraix va toujours en s'accroissant; & par elle, la terre médiocre devient mauvaise, & la bonne médiocre.

Ce sera donc rendre à une nation le plus essentiel de tous les services, que de procurer une communication très-facile entre les différentes portions de son territoire.

Par-là il s'établira un équilibre aussi parfait qu'il sera possible, entre les Provinces & la valeur des diverses denrées. Or, cet équilibre conduit directement à l'état de perfection auquel on doit tendre.

Un autre service essentiel que l'on rendra à cette même nation, sera d'établir l'égalité proportionnelle des impositions, de maniere qu'elles ne troublent point la tendance naturelle de la valeur des denrées vers l'équilibre qu'il doit y avoir entre elles.

Mais par ces deux attentions, qui, dans les détails, demandent des travaux assidus & des soins continuels, on ne leve encore que des obstacles; & l'industrie qui produit tout, n'est ni éclairée, ni encouragée.

Il faut donc que quelqu'un voye quel produit sera

le plus avantageux au peuple, & le lui enſeigne. Je ne parle point des produits que le peuple connoît, & entre leſquels la différence de la vente le décide avec aſſez de juſteſſe.

Je parle de ceux qu'il ne connoît pas, où auxquels il croit ſans raiſon que ſon terrein eſt impropre. Pour calculer la différence des produits, il faut connoître pluſieurs Pays, ſouvent toute l'étendue du territoire, quelquefois toutes les parties du monde. Or, c'eſt-là ce qui n'eſt point à la portée du peuple. Il faut encore lui enſeigner la nouvelle induſtrie qu'on lui conſeille, lui en donner ſur-tout l'exemple, & la lui rendre facile.

Ce n'eſt pas tout; le peuple cultive par routine. Il faut que la théorie & l'expérience de pluſieurs hommes, ſans dérouter les ſimples cultivateurs, ramenent cette routine aux meilleurs pratiques; & lorſqu'à leur tour, celles-ci ſont devenues une routine, il faut encore qu'une théorie continuée & une expérience ſoutenue les empêchent de tomber dans des vices oppoſés.

Il y aura donc toujours quelque choſe à faire dans cette partie, comme dans toutes les autres; & c'eſt à quoi il faut s'attendre, tant que les hommes feront ce qu'ils ſont.

Suivons maintenant les fonctions des bureaux ou ſociétés économiques dans leurs différents rapports, & dans l'ordre de leur inſtitution.

L'établiſſement des ſociétés, & leur renouvellement par l'élection des nouveaux membres, ſeront un premier encouragement donné à l'induſtrie dans la claſſe dans laquelle elle peut être la plus utile par l'importance de ſes opérations & par la force de l'exemple

Chaque ſociété particuliere ſera chargée,

1°. De donner une deſcription exacte du canton pour lequel elle aura été inſtituée. Cette deſcription comprendra l'étendue & la nature du terrein, avec la ſomme des quantités de terres propres aux différentes productions connues dans le canton.

2°. De détailler ces productions, en marquant la quantité de chacune par le rapport moyen de dix années.

3°. De ſpécifier les préparations que l'on donne aux matieres ouvrables.

4°. De ſpécifier auſſi la quantité de métiers employés à façonner ces matieres.

5°. Auſſi-bien que le nombre & l'ouvrage total des métiers montés pour façonner des matieres étrangeres.

6°. De calculer les rentes & les achats du canton en argent, & en poids ou meſures des denrées achetées ou vendues, afin que par-là on voye la balance du commerce de chaque canton.

7°. De faire dans la même vue un état de la ſomme totale des impoſitions, & de l'argent qui ſort du canton pour l'entretien des propriétaires domiciliés ailleurs, ou qui ſervent ou qui voyagent.

8°. De dreſſer une deſcription des différentes méthodes de cultiver, ou les mêmes fruits, ou les fruits différents que produit l'agriculture.

9°. De dreſſer un état des différents ſalaires pour les différents métiers, ou pour les différentes ſaiſons, y compris le louage des beſtiaux.

10°. Le prix des fermages pour une quantité de terre

déterminée d'une telle qualité, & rapportant tels fruits.

11°. De renouveller tous les ans le dénombrement exact des habitants, & décrire à cette occasion les maladies, & leurs causes vraies ou apparentes.

12°. De donner un état des terres incultes, avec la description de leur qualité, & des terres nouvellement défrichées, avec une mention exacte du succès qu'aura eu le défrichement.

13°. D'envoyer la liste & l'éloge 1°. des cultivateurs qui feront des expériences ou des améliorations, ou s'appliqueront à la théorie, sans en séparer la pratique de l'agriculture; 2°. des simples laboureurs qui se distingueront par leur activité & leur intelligence.

14°. Et enfin, chaque société sera priée de faire faire par ses membres & par d'autres habitants, & d'envoyer chaque année quelques mémoires d'agriculture, quand même ils ne feroient qu'une compilation bien faite de livres déja imprimés, pourvu qu'à cette compilation soient joints des exemples des expériences faites sur le lieu, soit que le succès en ait été heureux, soit qu'il paroisse démentir la théorie.

Telles seroient à peu près les fonctions & les devoirs des membres de chaque société. Ceux du bureau provincial y seroient relatifs, mais en différeroient beaucoup.

1°. Tous les dix ans, un membre du bureau, autre que l'un des députés du canton, fera la description de ce canton sur celle qui aura été dressée dix ans auparavant par la société, & sur les notes envoyées depuis, & le bureau enverra cette description au même canton pour la vérifier. Si la société y fait des corrections, elle rendra raison des erreurs qui s'y seront glissées.

2°. Toutes les descriptions, bien vérifiées & reconnues par le bureau provincial, seront rédigées en un corps, qui présentera le tableau général & détaillé de toute la Province. On y rendra raison des différences qui se trouveront entre cette description & la précédente, & on fera sur l'état actuel les réflexions que l'on croira pouvoir présenter des vues utiles à la société.

3°. Il n'est presque pas besoin de dire que le travail des sociétés devra être public, afin que chaque habitant puisse le critiquer, & que par-là l'exactitude des faits soit d'autant mieux constatée; mais que celui du bureau provincial, comme plus intéressant, & comme n'ayant plus besoin de cette critique, sera gardé dans le plus profond secret. Il ne sera fait qu'une seule copie du tableau général, pour être envoyée à la Cour économique. Chaque membre du bureau aura la copie du tableau de son canton, & pourra consulter le tableau provincial dans le greffe du canton, mais sans pouvoir le déplacer, & sans qu'il lui soit permis d'en prendre copie; à l'effet de quoi le Secretaire correspondant prêtera un serment solemnel; les députés promettront sur leur honneur, vérité, fidélité, & discrétion.

4°. Tous les ans, le bureau enverra à la Cour économique l'état des récoltes, de la consommation probable, du superflu & du vuide, avec ses réflexions sur la pauvreté ou abondance des récoltes, sur l'accroissement ou diminution de la consommation, sur le débit actuel ou prochain du ſuperflu, ſur la maniere la plus avantageuſe de l'employer ou de l'exporter, ſur les moyens qu'il croira les plus convenables pour remplir le vuide, & ſur les beſoins actuels ou vraiſemblables de la Province.

5°. Il enverra auſſi un état exact de la balance du commerce de la Province.

6°. Il fera un parallele du produit net de tous les fonds & fabriques de la Province, avec la maſſe des impoſitions, & la ſomme des deniers qu'en tireront les particuliers. Il donnera ſes remarques ſur tous ces objets, & les dirigera non à l'accroiſſement de la maſſe d'argent circulant dans la Province, mais au maintien d'une circulation ſuffiſante.

7°. Il fera parvenir à la Cour économique les noms & l'éloge des cultivateurs, fabricants & négociants qui mériteront cette diſtinction; les premiers, par leur zele pour l'amélioration de l'agriculture, & par l'amélioration effective de leurs fonds; les ſeconds, par la plus grande valeur qu'ils donneront aux denrées du crû de la Province; les derniers, non par la grandeur, ni le ſuccès de leurs entrepriſes, mais par le choix qu'ils auront fait avec intelligence de celles qui feront les plus avantageuſes à la Province.

8°. Le bureau inſtruira la Cour économique avec franchiſe, exactitude & hardieſſe, mais ſans amertume, ni malignité de ce qui, dans la conduite de l'Inſpecteur & autres Officiers royaux, pourra intéreſſer la proſpérité publique.

9°. Il lui expoſera auſſi ſes idées ſur les travaux publics qu'il feroit le plus utile d'entreprendre, & sur la maniere dont s'exécuteront ceux qui auront déja été ordonnés.

10°. Quant à la partie fcientifique, le bureau enverra tous les ans à la Cour les mémoires qu'il aura jugés les meilleurs fur l'agriculture, les arts & le commerce; & entre ces mémoires, il devra y en avoir deux ou trois dont foient auteurs les membres du bureau. Il y joindra une lifte des autres mémoires avec les noms des Auteurs, & l'extrait de ce qu'ils pourront contenir de nouveau; il indiquera auffi ceux dont il croira l'impreffion utile à la Province.

11°. Il lui enverra auffi une notice des améliorations, des inventions méchaniques, & des changements faits dans les anciennes pratiques qu'il aura précédemment décrites.

12°. Il confultera la Cour fur les moyens de dompter des terres rebelles, de tirer quelque parti ou un parti plus avantageux de certaines productions, fur le degré de faveur que pourroient mériter certaines cultures, rélativement à l'aptitude des fonds qu'il indiquera, & à l'abondance ou à la difette des denrées qui en feroient l'objet, dans les autres Provinces du Royaume.

13°. Le bureau aura droit, à l'exclufion des fociétés, de propofer des queftions, de promettre des prix, & de les diftribuer.

14°. Enfin, s'il n'y apoint d'inconvenient ou d'oppofition fondée, ce fera auffi le bureau qui réglera les falaires dans les diftricts, & qui, de leur comparaifon, formera l'évaluation du falaire provincial. Ce réglement

ment & cette évaluation se renouvelleront tous les dix ans.

Si j'ai omis quelque fonction qu'il soit utile d'attribuer aux sociétés ou aux bureaux, il sera facile de réparer cette omission, en suivant l'esprit qu'indiquent les détails dans lesquels je viens d'entrer, ou en le réformant d'après l'expérience & des connoissances plus étendues. Mais du moins en ai-je assez dit pour prouver que je ne propose point un établissement superflu, qu'il mériteroit d'être érigé en réglement constitutionnel, & qu'il est aussi surprenant que fâcheux qu'on ait abandonné cette partie essentielle à la routine, au hasard & à l'arbitraire, pendant que l'on a formé & conservé tant d'autres établissements, dont l'objet est beaucoup moins important, ou qui sont devenus sans objet.

Je viens aux fonctions de la Cour souveraine d'économie, quoique mes Lecteurs ayent déja pu les deviner toutes. Ce nouveau détail achevera de faire connoître le but de mon plan, & l'esprit qui m'anime.

Je cherche à mettre le Prince en état de remplir le premier de ses devoirs, & nullement à l'en dispenser, ni à restreindre son autorité bienfaisante. Il a besoin d'être sans cesse éclairé, parce que rien n'est stable ni immuable que les bons principes; & que l'application de ceux-ci devient elle-même funeste, si elle est hasardée sur des notions ou fausses ou imparfaites. Je sais bien qu'on trouvera dans certains Pays des institutions qui ressemblent à celle que je propose; mais pour prévenir des critiques qui porteroient à faux, je déclare, en premier lieu, que je ne prétends point au mérite de l'invention ; en second lieu, qu'entre les institutions analogues à celles-ci, les unes sont insuffisantes, parce qu'elles sont sans autorité, sans consistance, & sans liaison avec les autres parties constituantes de l'administration; & en troisieme lieu, qu'où les autres sont jointes à un pouvoir suffisant, ce pouvoir se trouve dans des corps qui réunissent un trop grand nombre d'autres pouvoirs & des fonctions trop étendues; en sorte que, d'un côté, il en résulte une puissance trop grande, & incompatible avec la plupart des Gouvernements, & que de l'autre, cette partie est, ou négligée, ou trop subordonnée aux autres avec le double inconvénient qui naît delà, que la politique gêne la subsistance du peuple, & que la justice est sacrifiée à la politique ou à un système momentané d'économie générale.

C'est pour obvier à ces inconvénients, que je commence par refuser à la Cour souveraine d'économie toute jurisdiction proprement dite.

Je lui refuse aussi tout pouvoir de faire des loix, d'interprêter celles qui sont déja faites, & de rendre des arrêts exécutoires.

Je lui refuse pareillement tout droit de contrainte, ou pouvoir coactif; & dans les cas où elle pourroit en avoir besoin, je l'oblige de recourir ou au Souverain, ou à ses autres Cours, suivant la nature de l'affaire, & sans qu'elle puisse distraire aucun ressort.

Enfin, je ne veux pas qu'elle ait à statuer, ni sur les subventions, ni sur leur forme. C'est de quoi je prie mes Lecteurs de se souvenir ; & si, après ces déclarations, je trouve des censeurs, ou ils critiqueront mon plan, & j'y consens, pourvu qu'ils en proposent un meilleur, ou ils mentiront au Public, en me prêtant des intentions que je n'ai pas.

Le premier devoir de la Cour souveraine d'économie sera de dresser un tableau général de tout le territoire de l'Etat, relativement à sa nature, à ses productions, à l'emploi de celles-ci, au commerce qui s'en fait, à la population, à l'emploi des hommes, &c. Cet état sera dressé sur les états semblables qu'auront envoyés les bureaux de Province. On y fera mention des points qui sont encore obscurs, & de ce qui seroit nécessaire pour les éclaircir.

Ce tableau sera présenté au Souverain en personne par une députation de la Cour, qui le suppliera de la mettre en état de compléter son travail, en ordonnant à qui il appartiendra de lui donner communication des pieces, états, &c. sur le vu desquels elle pourra déterminer ce qui, dans le tableau, sera resté vague ou indécis.

2°. Cette demande lui ayant été accordée, elle travaillera à un nouvel état ou tableau, lequel devra être achevé en dix-huit mois, & présenté de nouveau au Souverain par une députation.

3°. A ce tableau seront jointes des suppliques numérotées, & dont chacune aura un objet particulier. Elles auront pour objet des réformes ou réglements que la Cour aura jugé devoir être utiles, ou qu'elle croira nécessaires.

4°. Tous les dix ans, la Cour commencera ce travail, & procédera de même. On doit espérer que le tableau deviendra toujours plus exact, & présentera un ensemble toujours plus satisfaisant; mais il ne faut pas se promettre que jamais la formalité des suppliques devienne superflue.

5°. La Cour sera obligée au plus grand secret, à la plus scrupuleuse exactitude, & à la franchise la plus entiere, à l'effet de quoi tous ses membres prêteront serment. Le tableau général remis au Souverain restera entre ses mains, sans qu'il puisse en être fait plus de copies qu'il n'y aura de départements principaux dans le ministere; & chaque Ministre en chef gardera la sienne, de façon à pouvoir répondre du secret sur son ame & conscience, & sur sa place.

6°. Tous les ans, la Cour présentera au Souverain un état exact, qui comprendra pour tout le Royaume les objets spécifiés dans l'art. 4 du bureau provincial, & cet état devra être achevé & présenté six mois après l'expiration de l'année pour laquelle il aura été fait. Une note ajoutée au mémoire présentera la balance du commerce de toutes les Provinces, & celle du Royaume avec les étrangers; en sorte que le Souverain puisse suivre la circulation des especes avec une exactitude inconnue jusqu'ici.

7°. Cela n'empêchera pas la Cour de joindre à cet état des suppliques tendantes à rétablir l'équilibre troublé par le dérangement inévitable de la circulation, & à présenter les moyens qu'elle croira les plus propres à procurer ce rétablissement.

8°. Ce sera encore une occasion dont elle profitera pour présenter ses vues sur la proportion des impositions, dans certains cas, sur la transposition des taxes, &c.

9°. Elle recommandera au Souverain les sujets qui, dans cet ordre, mériteront des faveurs plus grandes que celles qu'elle sera en état de leur accorder.

10°. Celles-ci se borneront à des prix qu'elle distribuera aux auteurs des mémoires couronnés, & à des brevets d'association honoraire. Mais elle n'accordera que très-rarement cette derniere récompense, & toujours sans intervertir l'ordre des personnes & des classes.

Ainsi elle ne pourra associer un simple paysan, de maniere à lui communiquer tous les droits des associés. Elle ne pourra de même élever plus d'un négociant dans chaque district à la dignité d'associé, ni plus de trois roturiers en tout; mais elle pourra accorder cet honneur à quatre Gentilshommes; en sorte que si elle use de tous ses droits, il n'y ait que douze associés, dont la moitié de chaque ordre.

De même elle pourra élever un associé à la dignité de député au Bureau provincial.

Mais nul autre qu'un associé ne pourra avoir cet honneur; & encore faudra-t-il qu'elle conserve la proportion entre les ordres, de maniere qu'après l'octroi de trois brevets, cette proportion se trouve rétablie.

Enfin, ce ne sera point à la Cour qu'il appartiendra de se rendre plus nombreuse par de semblables associations; nul ne sera élevé à la dignité de membre honoraire de la Cour, que par un brevet du Prince, & un pareil brevet ne pourra être accordé qu'à un député provincial, & toujours en observant de ne pas déranger la proportion de nombre entre les ordres.

11°. La Cour, bien instruite des abus qui se commettront dans l'administration des Provinces, la direction des travaux publics, le commerce, & après que chaque affaire aura été discutée contradictoirement, mais dans le plus grand secret, portera par l'un de ses Procureurs-Généraux une dénonciation ou accusation en forme pardevant le tribunal auquel il appartiendra de connoître du délit, pour être ladite dénonciation ou accusation poursuivie extraordinairement, jusqu'à un arrêt définitif, & si sommairement, que cet arrêt soit rendu dans les six mois, à compter du jour où ce tribunal compétent aura été saisi de l'affaire, & ce sans que le cours de la justice puisse être ni arrêté, ni détourné, & aussi sans que le coupable puisse être soustrait à l'arrêt & à ses suites, que par lettres de grace expédiées sur le vu de l'arrêt.

12°. Ce sera à la Cour que s'adresseront les Bureaux pour en obtenir la communication des notions générales ou particulieres, dont les Provinces, ou même les particuliers dans chaque Province, croiront avoir besoin, soit qu'ils veuillent bien imiter des pratiques reçues ailleurs, soit qu'il leur importe de connoître les débouchés actuels ou possibles, &c. & la Cour statuera, sans délai ni remise, ou que la communication est inutile par telles raisons, ou qu'il n'y a point lieu, ou qu'elle doit être faite, & la réponse expédiée sur le champ; ce qui se fera aussi dans tous les cas.

13°. On pourra être content de la Cour, si, remplissant exactement ses autres fonctions, elle rédige encore, en forme d'ouvrage suivi, un compte exact de ce qui ſe ſera paſſé pendant chaque année pour l'amélioration de l'agriculture & des autres arts, ou pour leur détérioration; à quoi elle joindra la notice des entrepriſes ou expériences qu'elle deſirera être faites. Dans cette premiere partie, entreront les extraits des mémoires, dont la totalité n'aura pas mérité l'impreſſion; la ſeconde contiendra les mémoires couronnés, qu'elle croira pouvoir être généralement utiles.

Quant à ceux qui ne feront que d'une utilité locale, elle les renverra aux Bureaux, avec permiſſion de les faire imprimer.

14°. Si cependant les membres de la Cour ont le loiſir de travailler eux-mêmes, on leur ſaura gré d'un zele ſi louable, & on encouragera un auſſi bon exemple.

15°. La Cour propoſera auſſi des queſtions, & diſtribuera des prix, auxquels les étrangers ſeuls pourront concourir. Ils concourront auſſi pour les prix propoſés par les Bureaux, mais non à l'excluſion des regnicoles. La Cour n'accordera des prix à ceux-ci que par forme de récompenſe, & ſeulement lorſque leurs mémoires déja couronnés par le Bureau, lui paroîtront mériter un honneur plus relevé, & une plus grande notoriété.

16°. Ni les ſociétés, ni les Bureaux, ni la Cour, ne s'attribueront point un droit excluſif de traiter par écrit les matieres qui feront de leur compétence, & de faire imprimer leurs productions.

Ce ſera un droit de tous les citoyens, & qui ſera uniquement ſoumis à l'inſpection de la police ordinaire. Il ne faut fermer aucun accès & aucune iſſue à la lumiere, & il y a des exemples que des corps, d'ailleurs très-éclairés & très-bien intentionnés, ont été les plus obstinés contre des innovations utiles & nécessaires. Souvent aussi la voix d'un seul homme peut ramener toute une nation dans le sentier de la vérité & de la justice.

Mais à la Cour souveraine d'économie, appartiendra le droit de censure dans toutes les matieres qui concerneront son département.

A cet effet, un de ses Procureurs-Généraux lui déférera tous les livres qui paroîtront sur les matieres économiques. Un Avocat-Général, sur cette dénonciation, sera chargé d'en faire l'examen, & quelques-uns des députés l'examineront de leur côté. Dans la quinzaine ou dans le mois, l'Avocat-Général rendra son compte détaillé; & soit qu'il censure, soit qu'il approuve, il déduira les raisons de son jugement. Il sera libre à l'autre Avocat-Général de repliquer; & à son défaut, un député pourra le faire. Après quoi la Cour en délibérera, & arrêtera les objets de la censure, s'il y a lieu, ou la simple qualification du livre, s'il n'y a lieu ni à une censure raisonnée, ni à une approbation distinguée.

Mais dans le cas où il n'y auroit que certains endroits de repréhensibles, & où le reste seroit utile, elle n'auroit garde d'ordonner purement & simplement à son Procureur-Général d'en poursuivre la prohibition, & elle distingueroit; si les passages repréhensibles étoient de peu de conséquence, elle se contenteroit d'ordonner l'impression & la distribution à un prix modique, & dans le format du livre censuré, des réquisitoires, comptes rendus & plaidoyers prononcés pour & contre l'ouvrage.

Si, au contraire, les passages censurés étoient d'une dangereuse conséquence, elle chargeroit son Procureur-Général d'en poursuivre la prohibition, avec injonction à l'Auteur de le retoucher, pour une seconde édition, dont les fraix seroient moitié à la charge du premier Imprimeur, & moitié à celle de la Cour, & le bénéfice partagé également entre l'Auteur & l'Imprimeur.

Si l'Auteur vouloit obtempérer à l'injonction, & qu'il fût inconnu, il lui seroit libre ou de se faire connoître, ou de garder l'anonyme; mais dans ce dernier cas, il devroit se présenter à l'un des membres de la Cour, qui seroit tenu au secret, & déclareroit l'intention de l'Auteur.

Faute par celui-ci de remplir cette formalité, la Cour chargeroit un de ses membres, ou un externe, de la refonte de l'ouvrage, & l'impression s'en feroit, comme il a été dit, par tel Imprimeur que la Cour voudroit en charger, pour le profit en être partagé entre l'externe & l'Imprimeur. Si un membre de la Cour avoit fait la refonte, la moitié du bénéfice seroit destinée à faire un prix pour celui qui écriroit le meilleur livre sur la principale question controversée. Dans la censure & la défense de l'ouvrage proposé, les nationaux, aussi-bien que les étrangers, pourroient concourir pour ce prix extraordinaire.

C'est un grand abus, & qui rend l'usage de l'autorité illusoire, de prohiber purement & simplement un bon ouvrage ; parce qu'il contient quelques propoſitions condamnables.

C'eſt auſſi une entrepriſe preſque toujours téméraire de vouloir ſoutenir, comme ſeules bonnes & vraies, certaines maximes qui ſont en faveur, & qui ſouvent ne ſont bonnes & vraies qu'hypothétiquement. Qui connoît l'hiſtoire de l'eſprit humain, ou ſeulement celle de l'adminiſtration, comprendra ce que je veux dire ; mais il ne faut rien outrer, & il reſte vrai qu'il peut y avoir lieu aux cenſures & aux prohibitions. J'exige même que tout ouvrage qui concerne l'économie publique, éprouve l'examen de la Cour, afin que celle-ci ne s'endorme jamais ſur l'enſeignement des peuples dans ce qui la concerne, & que la lumiere ſorte de la diſcuſſion, ou acquiere par elle un plus vif éclat.

CHAPITRE XIII.

Nouvelles preuves de la nécessité d'un corps intermédiaire tel à peu près que je l'ai décrit, & qui soit borné aux fonctions que je lui ai assignées.

JE n'ai point entrepris de composer un traité complet sur la partie de l'administration publique, qui a rapport à la subsistance des peuples, & je crois avoir assez fait, en donnant une idée des devoirs du Prince à cet égard, & en lui suggérant le moyen que je crois le plus propre à lui en faciliter l'accomplissement. Je pourrois, sans doute, faire l'éloge du plan que j'ai proposé, en détaillant tous les avantages qui résulteroient de son exécution; mais les bons esprits n'ont pas besoin qu'on leur dise tout, & les hommes superficiels haïssent les détails. Je me bornerai donc à une réflexion très-simple. C'est qu'il est impossible que le Souverain Magistrat ne fasse beaucoup de fautes dommageables à son peuple, & par-là même destructives de sa puissance, s'il n'y a pas un corps toujours subsistant & toujours vigilant, chez qui se conservent les vrais principes de l'administration, & qui sans cesse recueille les faits dont la connoissance doit éclairer l'application de ces principes au défaut d'une pareille institution. Le Prince ou agit au hasard, & le plus souvent ne tient aucun compte de cette partie qui va, dit-on, toute ſeule, ou ſuit les impreſſions des gens qu'il l'approchent, & que ce grand intérêt touche peu, ou n'entend la voix du peuple que lorſque le mal eſt à ſon comble, l'entend mal, & ne peut même la ſuivre ſans danger, parce que ce n'eſt pas où le peuple ſe fait le plus entendre, qu'eſt le centre de la proſpérité ou de l'infortune, & encore parce que le peuple ſe plaint de la cauſe qu'il connoît, & qui n'eſt le plus ſouvent qu'une troiſieme ou quatrieme cauſe.

Pour rendre ceci plus palpable, citons des exemples connus & récents.

Quand un Miniſtre diſoit à ſon Prince : La richeſſe de l'Etat ſont les hommes & l'argent; il n'y a des hommes qu'en proportion de la quantité des ſubſiſtances, & l'abondance de celles-ci produit, avec l'aiſance, le bon marché de la main-d'œuvre, lequel fait tomber le prix des fabriques; le bas prix de celles-ci donne une concurrence avantageuſe, & procure un grand débit; ce grand débit fait entrer beaucoup d'argent : il faut donc prohiber l'exportation des denrées de premiere néceſſité, ſi l'on veut avoir beaucoup d'hommes & beaucoup d'argent.

Lors, dis-je, qu'un Miniſtre parloit ainſi à ſon Prince, on l'écoutoit comme un oracle. La prohibition fut décidée, & en même-temps la ruine de l'agriculture.

Dans un autre Pays, on diſoit : Le plus grand des malheurs pour une nation, eſt de manquer de pain. Or, on en manquera ſouvent là où ce ſera un mauvais métier que celui du cultivateur; & ce métier ſera mauvais par-tout où le profit sera médiocre & incertain, par-tout où l'abondance sera un fléau; car il est impossible que là regne l'abondance, où celui qui doit la produire a intérêt qu'elle ne se trouve pas. Or, l'abondance est un fléau là où elle est un obstacle à la vente; par conséquent, il faut multiplier les acheteurs, si l'on veut que l'abondance soit profitable au cultivateur; & le moyen, c'est de favoriser l'exportation des subsistances. Il n'en résultera point de disette, parce que le cultivateur & le propriétaire de toute classe commencera par se nourrir avant de vendre, & que, dans tous les cas, il ne vendra pas à son voisin plus cher qu'à l'étranger. Si donc ce voisin, qui acheteroit sans risques & sans fraix de transport, venoit à mourir de faim par l'inconvénient de l'exportation, il faudroit qu'auparavant toute l'Europe fut jonchée de corps morts.

Ainsi, dis-je, on raisonna dans un autre Pays, & l'exportation des denrées de premiere nécessité fut favorisée. L'agriculture devint florissante.

Que prouve ceci, me direz-vous, si ce n'est que, dans un Pays, il y eut des sophistes à la tête des affaires, & dans l'autre, de véritables sages?

Quand je n'aurois prouvé que cela, ce seroit déja beaucoup; car il est très-étrange qu'une nation nombreuse, spirituelle, instruite, se laisse tromper par des sophismes, ou qu'en connoissant la fausseté, elle soit obligée de les prendre pour de bonnes raisons. Mais écoutez-moi encore.

Un siecle s'est écoulé; & chez la premiere de ces nations l'agriculture à langui, parce que le cultivateur, mal payé de ses peines, & mal remboursé de ses fraix; a épargné sur les unes & sur les autres, a tiré un médiocre parti des bonnes terres, & aucun des terres médiocre. Delà des famines dans les mauvaises années, des disettes dans les années médiocres; & comme la dépopulation & la misere se sont toujours accrues, delà encore la surabondance & la non-valeur dans les bonnes années, parce qu'il y a eu plus de vendeurs que d'acheteurs, personne ne pouvant ou n'osant garder ses denrées pour les temps de disette.

Cependant le commerce, exposé aux revers politiques, menaçoit ruine; les manufactures imitées par tout, tomboient en décadence, & l'on ne voyoit plus de ressource certaine pour soutenir la nation dans le rang qui lui convenoit à raison de son territoire.

On découvrit enfin que les promoteurs de la prohibition avoient été des sophistes; & comme on pouvoit contredire des hommes déja réduits en poussiere, on prouva, par de tristes faits, qu'ils avoient très-mal raisonné. La prohibition a donc été levée, & on ne s'en apperçoit pas encore. Mais c'est qu'un siecle d'erreur produit des maux, qui ne se guérissent pas dans un jour.

Chez cette autre nation, l'agriculture devenue florissante, fut la base d'un grand commerce, & la cause d'un accroissement considérable dans la population. Mais à mesure que ce principe vivifiant déploya son énergie, l'ambition s'accrut, & produisit les emprunts, par lesquels le papier fut associé à l'or & à l'argent. Le commerce fit pourtant entrer une grande quantité de ces métaux ; mais l'ambition nationale s'empara par des emprunts, de ce quelle ne pouvoit en extorquer par des taxes; & presque tout ce qu'elle en envahit, elle l'envoya hors du territoire pour les dépenses qu'exigeoient je ne sais quels systêmes, qui tendoient à l'accroissement du commerce national. A force d'emprunts, il se forma une classe de prêteurs nombreuse & puissante; & en même-temps la masse des papiers, devenus rivaux de l'un & l'autre métail, s'accrut à un excès prodigieux.

Cependant on ne se contenta point des manufactures dont le Pays produisoit les matieres premiers; par jalousie, plus encore que par ambition, on voulut en établir de toutes les especes, & le commerce, qui apportoit les matieres crues, & les emportoit ouvrées, applaudit à cette entreprise. Elle fut aussi applaudie par les gens qui avoient beaucoup d'argent, & pour qui elle étoit un nouveau moyen de le faire valoir.

On dit aux agriculteurs : Cette branche d'industrie donnera un nouveau prix à vos denrées, & ils le crurent.

Qu'est-il arrivé ?

De nouveau emprunts ont paru mettre le comble à l'abus du papier monnoyé & à l'influence des prêteurs, une grande extension des sources & des débouchés du commerce l'ont porté au plus haut degré de faveur, & ont, en effet, augmenté la masse des métaux, sans mettre le Gouvernement en état de retirer les papiers, & même en le laissant dans la nécessité d'augmenter le pouvoir des prêteurs.

Cependant l'agriculture a commencé à manquer de bras, & les denrées ont augmenté de prix en raison composée de cette diminution, de la masse des métaux & des papiers circulants, peut-être aussi des bénéfices du commerce & des emprunts; car les gains cherchent le niveau : de la cherté des denrées a résulté celle de la main-d'œuvre; de celle-ci, celle des fabriques; de cette derniere, la diminution du débit; de la diminution du débit, le désœuvrement & la mendicité des ouvriers; de l'habitude qu'ils en ont prise, les prétentions encore plus fortes de ceux qui sont restés à l'attelier, & l'on s'est écrié : Les agriculteurs sont coupables de tous ces maux; c'est le haut prix des subsistances qui nous ruine. Mais qui est-ce qui a crié?

Les Prêteurs, qui n'ont que des rentes pour vivre; les négociants, qui importent & exportent l'objet & le produit des manufactures; les manufacturiers & les intéressés à leurs entreprises; les bourgeois de tout rang, qui ont intérêt à ce que les Villes soient très-peuplées, & que les vivres y soient à bon marché : voilà les gens qui ont crié; & quand tant des gens crient, qui ne croiroit entendre le cri de la nation? Ajoutez à ces cris la voix de ces chefs de parti, qui épousent un intérêt pour grossir leur faction, & celle de leurs partisans, qui répetent ce qu'ils leur entendent dire; & vous concevrez comment un corps qui réunit un grand nombre de fonctions, & dans lequel par conséquent se livrent les combats qui doivent décider de la fortune des factions opposées, comment un corps, qui peut cesser d'être national par le hasard des proportions

portions & la vénalité des élections, doit varier dans ses principes, & est par conséquent impropre au droit qu'il s'attribue; d'être un corps intermédiaire dans l'ordre des subsistances. Vous concevrez encore que toute clameur n'est pas le cri du peuple; que, faute d'une méthode sûre pour connoître l'intérêt national, le Souverain sera souvent exposé à faire de très-grandes fautes; lorsqu'il croira se rendre au vœu unanime de la nation.

J'écris, au reste, pour les peuples qui ont un territoire dont ils peuvent subsister.

S'il en est qui soient dans un cas différent; je n'écris point pour eux, & je leur marque, pour terme de leur existence précaire, le temps où les autres peuples ne consulteront que leur véritable intérêt. Tout alors rentrera dans l'ordre, & toute puissance se mesurera sûrement par l'étendue & la bonté absolue du territoire, & encore par la bonté rélative des mœurs & du Gouvernement.

J'ajoute ces deux dernieres mesures de la puissance, parce que le nombre des hommes n'est pas ce qui la constitue, & qu'elle ne repose pas non plus sur la seule masse des denrées ou des richesses; autrement la Chine & l'Indostan seroient les deux plus puissants Empires de l'univers, & je devrois brûler presque toute la premiere partie de cet Ouvrage.

Il faut donc favoriser tellement l'agriculture, & le commerce naturel dont elle est la source, qu'on ne sacrifie à ces deux intérêts, ou à l'intérêt de la subsistance, ni les principes constitutifs de la société, ou les mœurs politiques de la nation, ni la vigueur du Gouvernement qui en doit résulter.

CHAPITRE XIV.

Sept problêmes relatifs aux devoirs du Souverain, par rapport à la subsistance de ses peuples, & leur solution.

LA réflexion par laquelle j'ai terminé le Chapitre précedent, me conduit naturellement à examiner les modifications du devoir que j'ai imposé au Souverain, de pourvoir à la subsistance de tous ses sujets en général. La premiere de ces modifications dont j'ai fait le second devoir, est, que la subsistance soit assurée au peuple dans la proportion qu'exige l'état de société. Mais avant d'en venir à ce second devoir, il est à propos que je traite plusieurs questions intéressantes, qui paroissent être relatives au premier devoir du Souverain.

La premiere de ces questions est celle-ci.

Le souverain Magistrat n'est-il tenu à aucune regle d'humanité générale, dans les moyens qu'il peut employer pour assurer la subsistance du peuple qu'il régit?

La seconde.

Est-il utile & légitime d'appeller des étrangers au partage des richesses nationales, pour en augmenter la masse?

La troisieme.

Le devoir général de pourvoir à la subsistance de tous, s'étend-il solidairement aux individus, en sorte que la misere de chacun soit un crime du Magistrat?

La quatrieme.

Est-il bon & utile que le Prince pourvoye directement à la subsistance d'un grand nombre de ses sujets?

La cinquieme.

Est-ce multiplier les hommes, que d'augmenter la masse de l'argent?

La sixieme.

Seroit-ce une chose avantageuse que le Prince fût, dans certains cas, le dispensateur immédiat des denrées de premiere nécessité?

La septieme.

N'y a-t-il point de bornes aux soins que le Magistrat doit donner à l'amélioration du territoire; & s'il y en a, quelles sont-elles?

PREMIERE QUESTION.

Le souverain Magistrat doit-il tout à son peuple, relativement à la subsistance, & rien aux étrangers?

C'est, en d'autres termes, la même question que j'ai proposée la premiere. Car si le Souverain doit tout à son peuple, & rien aux autres peuples, il n'est gêné par aucune regle d'humanité générale.

Pour résoudre cette question, il faut commencer par établir ce qu'est un Souverain vis-à-vis d'un autre Souverain, ou un peuple, y compris son chef, vis-à-vis d'un autre peuple, y compris aussi son chef. Or, je dis que c'est un homme vis-à-vis d'un autre homme ; parce que les droits d'un homme, comme tel, sont ceux d'un autre homme, & que dix mille hommes réunis n'ont conséquemment pas plus de droits qu'un seul homme. Cette assertion est d'une vérité si évidente, que je ne m'arrêterai point à en faire la preuve.

Cela posé, ce qu'un homme doit à un autre homme, indépendamment de l'état de société, un peuple le doit à un autre peuple, ou à un seul individu étranger. Il n'y a lieu à l'accumulation en aucun sens.

Or, l'homme étant égal à l'homme, ainsi que je l'ai prouvé, chaque individu, & par conséquent chaque peuple, se doit la primauté d'amour, sans préjudice de l'égalité.

DIALOGUE

ENTRE UN NORT-BRETON ET UN NORT-FRENCH.

LE NORT-BRETON.

Vous avancez-là des maximes destructives de toute société, de tout patriotisme, de toute politique : qui aime tout le monde, n'aime personne ; & qui est citoyen de l'univers, n'a sa patrie nulle part. A raison, sans doute, de prêcher l'amour universel, qui connoît plus la crainte que la noble fierté, fille de la liberté & du courage.

LE NORT-FRENCH.

Je ne suis pas d'un sang auquel la crainte soit familiere ; & parmi mes aïeux, il y en eut devant qui les vôtres tremblerent, & dont ils ſubirent le joug. Laiſſons donc-là les invectives. Vous ne perſuaderez à perſonne que nous ſoyons des lâches, & je reſpecte trop ma nation, pour diminuer la gloire qu'elle acquit tant de fois aux dépens de la vôtre. Faites-en de même, & n'affectez plus un mépris que vous n'avez pas, & qui ne pourroit que vous dégrader.

LE NORT-BRETON.

Ce n'eſt pas de quoi il s'agit. Venez au fait, & dites-moi ſi votre amour de primauté peut être le ferme lien d'une ſociété, la ſource d'un véritable patriotiſme ?

LE NORT-FRENCH.

Ne changez pas vous-même l'état de la queſtion, je vous prie. Il ne s'agit ici ni des liens de la ſociété, ni du patriotiſme.

LE NORT-BRETON.

Comment donc ? Egalité d'amour pour tous les hommes, & patriotiſme tout enſemble ! Cela eſt inconciliable.

LE NORT-FRENCH.

Pour vous, peut-être, qui, dans votre fougue, ne voyez qu'un fantôme, & ne reſpectez rien de ce qui eſt ; mais je penſe tout autrement.

LE NORT-BRETON.

Et vous penſez très-mal.

LE NORT-FRENCH.

C'eſt-là préciſément ce qui eſt en queſtion entre nous.

Quand j'en dirois autant, nous n'en ſerions pas plus avancés. Voulez-vous m'écouter?

LE NORT-BRETON.

Volontiers; mais ſoyez bref, & ſur-tout point de ces tournures méthodiques qui allongent le diſcours.

LE NORT-FRENCH.

Je ſouſcris à ces conditions.

Suppoſons dix hommes qui s'uniſſent enſemble, à condition de s'entr'aider, en tout & contre tous, & de ne s'abandonner jamais. Leur union ne leur donne certainement à tous enſemble, relativement aux autres hommes, aucun droit que chacun d'eux n'eût auparavant. Aucun d'eux ne peut donc procurer l'avantage de ſes aſſociés aux dépens d'un étranger, qui ne leur doit rien; mais il reſte tenu envers cet étranger à tous les devoirs de juſtice & d'humanité, auxquels il étoit tenu envers lui avant l'aſſociation. Mais toutes ces choſes reſtant pour lui à cet égard ſur l'ancien pied, il a contracté de nouveaux devoirs envers ſes aſſociés, qui réciproquement lui doivent plus qu'aux autres hommes, mais qui lui doivent à leurs propres dépens, & non aux dépens des étrangers. C'eſt-à-dire qu'ils doivent mettre du leur dans la ſociété, pour jouir par la ſociété de ce qui eſt l'équivalent de leur miſe. Mais rien n'empêche que chacun de ces aſſociés ne ſoit très-attaché au corps de la ſociété; qu'il n'en veuille être inſéparable; qu'il ne ſoit réſolu à donner ſa vie même pour empêcher qu'elle ne ſoit rompue ou détruite; qu'il ne prodigue ſon temps & ſes travaux pour ſa ſûreté, sa subsistance & sa tranquillité. Or, le patriotisme n'est pas autre chose que cela. Si vous y joignez le projet d'envahir, ou le desir de nuire, vous faites un vice de ce que vous appellez une vertu.

LE NORT-BRETON.

Il sera donc défendu, selon vous, de débaucher les sujets de son voisin, de faire tomber son commerce, de profiter d'une guerre juste ou injuste pour lui enlever ses possessions, de l'affoiblir enfin par toutes sortes de moyens, de peur qu'un jour il ne nous puisse nuire?

LE NORT-FRENCH.

Tout cela est défendu, & injuste de peuple à peuple, comme d'homme à homme. Le vol & la violence sont défendus & criminels.

LE NORT-BRETON.

Quoi donc, je suis injuste, quand, par mon industrie, je me procure une branche de commerce qui étoit toute entiere entre les mains de mon voisin, & que, par ma concurrence, je diminue ou anéantis ses profits?

LE NORT-FRENCH.

Vous changez l'état de la question. Si vous envahissez une branche de commerce pour nuire, & que cette intention se manifeste par l'abandon que vous faites dans cette vue d'une autre industrie également utile, vous êtes injuste. Si vous ne faites qu'augmenter votre industrie pour mettre à profit tous vos avantages, vous usez d'un droit commun à tous les individus, & vous n'êtes point injuste.

LE NORT-BRETON.

Voilà bien la morale la plus auſtere qu'ayent jamais inventée les vainqueurs, pour ſe procurer du moins le triſte plaiſir de critiquer leurs vainqueurs. Mais ce ne ſera pas en la ſuivant qu'une nation deviendra floriſſante.

LE NORT-FRENCH.

Vous vous trompez. Ce n'eſt pas le mal qu'on fait, qui fait proſpérer. Une induſtrie innocente, & la juſtice, ſont des moyens bien plus ſûrs pour être heureux, puiſſant & conſidéré.

LE NORT-BRETON.

Quand j'adopterois cette maxime ſpécieuſe, il me reſteroit à chercher ce que vous appellez une induſtrie innocente, & la juſtice de peuple à peuple; & cette recherche ſeroit, ſans doute, auſſi vaine, qu'il eſt impoſſible qu'un peuple ſoit puiſſant, ſans s'être accru en hommes & en richeſſes aux dépens de ſes voiſins.

LE NORT-FRENCH.

Voilà bien le langage de cette avidité ſans bornes qui fait les filoux, les monopoleurs, & les voleurs de grands chemins. Mais vous vous êtes mis dans la néceſſité de tenir ce langage monſtrueux; vous vivez parmi un peuple qui prétend juger ſes conducteurs. Depuis environ cent ans, il a été conduit par des fauſſes maximes qui ont produit de mauvais effets; il ſe trouve mal à ſon aiſe, & en cherche la cauſe, ſans la trouver, parce qu'il ne veut pas la voir où elle eſt. Vous êtes un millier de factieux ou environ, qui vous partagez en deux bandes, & qui ne cessez de vous contredire les uns les autres. Il faut bien que le peuple croye qu'un des deux partis a raison; il n'en fait pas davantage. Quand un de ces partis est devenu dominant, parce que le parti contraire a manqué de parole, il prend, en certaines choses, le contrepied de la conduite dont le peuple a été mécontent, & aussi-tôt celui-ci espere un changement avantageux dans sa situation: l'événement le détrompe; bientôt il se répent d'avoir donné sa confiance à des guides aveugles. Ceux qu'il a rejettés, lui répetent cependant que le temps seul leur a manqué pour remplir leurs promesses; ils disent & démontrent que les guides en faveur ne peuvent arriver au but desiré par le chemin qu'ils prennent, & qu'ils ne font que leurs affaires particulieres. Le peuple en reste convaincu, & rappelle ses anciens guides, qui lui vantent certains secrets, dont ils promettent de faire usage pour le guérir. Ils lui en donnent un échantillon, en laissant entrevoir un plan pour l'exécution duquel il n'est besoin que d'une industrie à nulle autre pareille, ou d'un commerce universel, ou de victoires multipliées sur lesquelles doit compter tout bon citoyen, ou d'une sage & fidelle économie, ou de l'encouragement privilégié de telle partie. Il est clair que ces plans peuvent varier à l'infini, & toujours suivant la disposition actuelle du peuple. Vous, par exemple, & vos partisans, avez cessé d'être les guides du peuple, lorsqu'il a senti les inconvénients ruineux d'une guerre heureuse, & en a desiré la fin. Vos adversaires l'ont finie par une paix glorieuse, que vous avez appellée une trahison; & comme elle n'a pas guéri des maux incurables, il vous a été facile de la rendre odieuse à une grande partie du peuple. Vous avez assuré qu'une campagne de plus auroit fait atteindre l'objet desiré. C'est ce qu'il est toujours aisé de dire; car enfin on ne sait jamais au juste ce qui seroit arrivé, si telle chose avoit été faite, qui ne l'a pas été. On auroit fait telle conquête de plus, avez vous dit, & cette conquête auroit enrichi la nation, au-lieu que celles qu'on a faites ne servent qu'à l'appauvrir. Il est certain que cette derniere assertion n'est qu'outrée. Le peuple a senti qu'on ne l'avoit pas enrichi; il a donc été porté à croire que vous aviez raison en tout, & il a maudit ses nouveaux guides. Vos partisans les ont donc supplantés. Ont-ils continué la guerre? non; ils promettent de la recommencer à la premiere occasion. Mais un ministere qui se soutient pendant quelque temps, fait plus d'une chose. Celui qui est aujourd'hui le nouveau, & qui, hier, étoit l'ancien, n'a donc pas besoin de rompre la paix pour contredire par ce fait le fait du précédent ministere. Il le contredit dans des minucies spécieuses.

LE NORT-BRETON.

En avez vous assez dit, ou ma patience doit-elle être encore mise à quelqu'autre épreuve? Quand une fois l'épée est tirée, qui peut mettre des bornes au droit de la guerre? C'est le droit de la vengeance & de la haine. Il ne finit qu'avec l'anéantissement de l'ennemi. Ma patrie eſt dans un état violent, par l'accumulation des maux que lui ont faits pluſieurs guerres. Une ſeule pouvoit donc juſtement être le remede à tous ces maux, puiſque c'eût été aux dépens de cette nation rivale, contre laquelle elle s'eſt froiſſée tant de fois. Elle le pouvoit juſtement, comme un nouvelle injure renouvelle les anciennes, qui ſembloient être oubliées. Elle le devoit, parce que la victoire étoit à nos gages, & que nous n'avions qu'à entreprendre pour réuſſir. N'avoir pas profité d'une ſituation auſſi heureuſe, avoir renoncé à ſon droit par un traité de paix, je dis que c'eſt une trahiſon, & je me diſpenſe de le prouver.

LE NORT-FRENCH.

Je ne vous dirai point que votre droit des gens eſt affreux, & que vous devez en avoir reçu le code des mains de l'Ange exterminateur; je vous dirai ſeulement que vos projets reſſemblent aux délires d'un malade.

Payer des dettes énormes des fruits de la guerre, ou faire aſſez de conquêtes pour que les tributs payés par les peuples conquis ſuffiſent à l'aquit de ces dettes, c'eſt un projet auſſi biſarre qu'on en ait jamais imaginé. Mais comme il implique contradiction, ce que je m'offre de prouver, vous me permettrez d'ajouter qu'il eſt abſurde.

LE NORT-BRETON.

Prouvez, prouvez; je l'exige, ou je vous apprendrai à accuſer un Breton d'abſurdité.

LE NORT-FRENCH.

Vous voilà bien en colere pour un mot beaucoup plus doux que la plupart de ceux qui entrent dans le ſtyle de vos écrits polémiques. Mais ſi un Breton peut dire des duretés à un autre Breton, un étranger, par reſpect pour l'autorité & l'exemple du premier, ne peut-il pas en faire autant? Mais je prouve, pour vous déſarmer. Faire des dettes, & les payer, ne ſont-ce pas deux choſes contradictoires?

LE NORT-BRETON.

Aſſurément. Mais faire quelques dettes de plus pour ſe mettre en état de les payer toutes, n'implique pas contradiction.

LE NORT-FRENCH.

Ajoutez qu'il n'y a pas non plus de contradiction dans le projet de faire quelques dettes de plus, pour ſe mettre en état de n'en payer aucune.

LE NORT-BRETON.

Vous ſuppoſez-là un projet inſenſé, puiſque toute idée de banqueroute eſt inadmiſſible où les créanciers ont du crédit, & où le débiteur, comme tel, n'en a pas.

LE NORT-FRENCH.

Paſſons; car cette nouvelle diſcuſſion nous meneroit trop loin.

Vous accumulez donc de nouvelles dettes, comme fit Jules-Céſar, ou comme a fait de nos jours un Général-Miniſtre, qui ne mérite gueres d'être mis à côté de Céſar. Mais, dites-moi, comment vous concevez que de nouvelles conquêtes puissent vous mettre en état de les payer ? Vous ne faites pas la guerre aux dépens de la guerre ; & vous ne trouverez nulle part un trésor égal à ce que vous coûte une seule année de guerre. Il n'y a donc que la possession paisible d'une conquête aussi riche que votre patrie, & même plus riche, qui puisse vous conduire au but que vous vous proposez, puisque, si ce Pays est moins riche que le vôtre, il ne pourra suffire aux charges auxquelles vous le substituerez.

Dites-moi maintenant quel est le Pays, sur la possession paisible duquel vous puissiez compter, qui est aussi riche ou plus riche que le vôtre ?

LE NORT-BRETON.

Faut-il le demander? Voyez sur la carte les côtes immenses que baigne la mer du Sud. C'est un exemple que je vous cite, pour vous faire sentir combien votre question est ridicule.

LE NORT-FRENCH.

Je pourrois vous répondre assez sérieusement sur ce point, & vous demander si votre patrie doit sortir d'elle-même pour errer toute entiere sur le reste du globe. Mais je renonce à une partie de mes avantages, & je vous attends aux arrangements que vous ferez pour bien jouir de votre nouvelle conquête, & aux suites de cette jouissance.

Sans doute, vous y établirez des impôts équivalents à la masse des intérêts de vos dettes, & a un fonds d'amortiſſement, au moyen duquel ces dettes s'éteindront ſucceſſivement au profit du tréſor public.

LE NORT-BRETON.

Vous dites bien.

LE NORT-FRENCH.

Il n'y aura dans votre conquête que le peuple conquis & tributaire, & vous n'y enverrez ni troupes, ni colonies.

LE NORT-BRETON.

Pourquoi me faites-vous cette queſtion?

LE NORT-FRENCH.

C'eſt que ſi vous y envoyez des troupes, elles mangeront une partie du revenu; ce qui néceſſitera ou une diminution de profits, ou un ſurhauſſement d'impôts, & que, ſi vous y envoyez des colonies, elles occuperont une partie des terres, & abſorberont une partie des richeſſes, pour jouir de tout cela avec les droits attachés à la naiſſance des premiers coloniſtes. Autre diminution dans le revenu.

LE NORT-BRETON.

Je ſuppoſe un revenu ſuffiſant, toutes ces déductions faites.

LE NORT-FRENCH.

Vous ſuppoſez beaucoup; mais encore, ſoit, j'admets votre ſuppoſition. Vous interdirez tout commerce entre votre patrie & les Provinces conquiſes?

LE NORT-BRETON.

Autre abſurdité. N'eſt-ce pas dans l'extenſion de notre commerce que nous cherchons l'accroissement des richesses nationales ?

LE NORT-FRENCH.

A merveille. Ce commerce sera donc avantageux à la nation.

LE NORT-BRETON.

Qui en doute ? Me prenez-vous pour un écolier, ou l'êtes-vous vous-même ?

LE NORT-FRENCH.

Ainsi ce commerce tirera beaucoup d'argent du Pays conquis, pour le faire passer chez vous. Voilà donc une somme énorme qui en sortira tous les ans par le commerce. Une autre somme, aussi énorme, en est déja sortie pour le tribut. Les colonies s'arrangeront pour en garder leur bonne part. Ce Pays sera donc inépuisable, ou, en peu de temps, il sera épuisé.

LE NORT-BRETON.

Il sera inépuisable, comme ses mines.

LE NORT-FRENCH.

C'est bien dit ; mais qui exploitera les mines, & au profit de qui s'en sera l'exploitation ? C'est une grande question que je vous laisse à débrouiller, pourvu que vous vous souveniez que nul homme ne travaille sans espoir, si ce n'est par force, & que nul peuple, à la longue, ne résiste à un certain degré de misere. Passons : voilà donc deux fleuves d'or qui vont déboucher dans votre patrie. L'un remplit le bassin, où il se transforme en intérêts & en remboursements, &

d'où il ſort ſous ces deux noms pour inonder votre patrie ; l'autre s'y répand ſans détour, ni circuit, par autant de canaux que vous avez de port de mers. Que ferez-vous de tout cet or-là ?

LE NORT-BRERON.

Plaiſante queſtion !

LE NORT-FRENCH.

Pas ſi plaiſante ; ſi vous le gardez chez vous, il deviendra commun comme le cuivre, & ne vaudra pas mieux. S'il en ſort, vous acheterez donc infiniment plus que vous ne voudrez ; & dès-lors vous ne ferez que des commiſſionnaires pour le faire paſſer d'un Pays à l'autre. Mais prenons le milieu. Il en reſtera tous les ans autant qu'il en ſortira : donc la maſſe de vos eſpeces augmentera tous les ans de la moitié du produit de votre conquête ; donc les dépenſes du Gouvernement augmenteront tous les ans d'un cinquieme, ou d'une ſixieme, en numeraire ; donc le prix de la main-d'œuvre augmentera en proportion ; donc, loin que vous vendiez rien à l'étranger, vous acheterez tout de lui, fût-ce en contrebande ; donc votre peuple déſœuvré ſera une foule de fainéants attroupés le long des canaux, dans leſquels l'or coulera, ou ſe précipitant vers ſa ſource ; donc votre patrie deviendra un déſert ; donc le payement de vos dettes ne finira qu'avec votre patrie : & tel ſera le ſalaire de vos injuſtices, de votre avidité, & de vos extravagances.

LE NORT-BRETON.

Dieu damne le raisonneur impitoyable qui m'a étourdi ! Je vais encore plus haïr sa nation, pour avoir produit un pareil sophiste.

LE NORT-FRENCH.

Voulez-vous revenir au patriotisme & à la primauté d'amour, que je prétends ne devoir point préjudicier à son égalité avec celui que nous devons à notre prochain, par où j'entends tous les hommes ?

LE NORT-BRETON.

Non.

LE NORT-FRENCH.

Adieu donc, mon frere.

En admettant dans le Dialogue ci-dessus une hypothese qui n'a pu devenir un projet sérieux que pour les séducteurs d'un peuple enivré, ou pour des enthousiastes, j'ai supposé ce qu'il y a en apparence de plus digne de l'ambition d'un Souverain, qui s'est bien persuadé qu'il doit tout à son peuple, & rien aux autres hommes.

Ne rendons point graces à Dieu de ce que nous ne sommes point comme ce publicain.

Avec des vues moins vastes, parce que nous sommes moins présomptueux, ou parce que notre imagination s'est moins échauffée par la contemplation de ces sortes d'objets, nous avons les mêmes principes, & tendons au même but : attirer à nous le plus de richesses que nous pourrons pour augmenter l'aisance du peuple, dit le Philosophe ; pour en attraper une partie à certains paſſages, dit le financier ; pour faire face aux grandes entrepriſes & aux revers, dit le politique ; attirer, dis-je, les richeſſes de nos voiſins, & recrûter notre population à leurs dépens, voilà ce que tous nous voudrions faire ; voilà à quoi tendent tous nos projets, juſqu'à ceux du peuple montagnard, qui ſe vend à qui veut payer ſon ſang, & qui pourtant a des déſerts dans ſon petit territoire.

Mais ce ne ſont-là que deux anneaux d'un cercle vicieux. Je l'ai dit, je le répete, & je ne ceſſerai de le redire.

J'ajouterai, pour ſubſtituer une ſeule maxime à toutes celles que je détruis ; j'ajouterai, & puiſſé-je en être cru, qu'après les meſures que preſcrit une ſage prévoyance pour ne point ſouffrir le mal qu'on ne veut pas faire, rien n'eſt vraiment & ſolidement utile à une nation, que ce qui n'eſt préjudiciable à aucune autre.

Si quelqu'un attaque cette maxime, je ſuis prêt à la défendre de quelque côté & en quelque maniere qu'on l'attaque, & je ne craindrai pas d'être embarraſſé à prouver, qu'aimer ſon prochain comme ſoi-même, eſt un précepte auſſi ſalutaire en politique, que reſpectable en morale ; que toute nation qui le viole amaſſe ſur ſa tête un orage, dont l'écraſera celui qui a créé tous les hommes.

J'offre encore de prouver que tout Gouvernement, qui, prenant cette maxime pour regle, donnera aux véritables intérêts d'une nation tous les ſoins qu'il s'épargnera en méconnoiſſant des intérêts chimériques, obtiendra le ſuccès le plus complet que puiſſe deſirer le chef d'une ſociété, une proſpérité auſſi grande que la comportera cette ſociété, & auſſi durable que le ſera ſa perſévérance à pratiquer ce divin précepte.

Je n'en dirai pas davantage ſur la premiere queſtion. Je viens à la ſeconde.

SECONDE QUESTION.

Eſt-il utile & légitime d'appeller des étrangers au partage des richeſſes nationales, pour en augmenter la maſſe?

Je ſuis ſurpris moi-même de la hardieſſe que j'ai de mettre en queſtion ce qui paroît décidé par tant de ſuffrages unanimes, & par la pratique ou les efforts conſtants de toutes les puiſſances. Mais enfin, tout peut être mis en queſtion par qui veut ſe convaincre de tout, avant de rien adopter; & peut-être ne me déciderai-je pas contre une opinion qui paroît générale. Examinons.

Il n'eſt point queſtion ici d'un Pays déſert, ou qui, ſur une vaſte étendue de terres incultes, ne nourrit qu'un petit nombre de familles éparſes. Un tel Pays reçoit des colonies; on ne les y appelle pas.

Nous ſuppoſons un territoire poſſédé par une ſociété réguliere, & paſſablement peuplé, mais qui peut l'être davantage.

Quels motifs peut avoir le Souverain d'un pareil territoire, d'y appeller des étrangers? Deux ou trois; celui d'augmenter ſa puiſſance, en multipliant ſes ſujets, & le produit net de l'induſtrie; celui de rendre ſes ſujets plus heureux, & enfin le deſir d'affoiblir ſes voiſins.

Quant à ce dernier motif, notre réponſe à la premiere queſtion l'a réprouvé d'avance, puiſqu'affoiblir ſon voiſin, c'eſt lui nuire. Le deſſein d'augmenter ſa puiſſance, eſt-il perſonnel au Souverain? C'eſt une ambition qui n'eſt pas louable. Une ſociété l'a mis à ſa tête pour la régir, & non pour régir en tout ou en partie une autre ſociété. Il doit être content pour lui de ce qu'il a de puiſſance par elle, & il lui convient peu de dire, ce troupeau ne me ſuffit pas. Augmenter la ſociété pour ſon bien, afin de la rendre plus forte, & d'aſſurer par-là ſa tranquillité, eſt une idée ſpécieuſe, un beau prétexte, & non un deſſein bien conçu. Ce n'eſt point l'affaire d'un jour, ni d'une année, ni même de dix ans, s'il s'agit d'une grande puiſſance; pour une petite qui n'a qu'un territoire très-borné, c'eſt une entrepriſe chimérique. Or, en ſuppoſant qu'il faille vingt ans d'invitations & de ſéductions pour acquérir par cette voie une augmentation notable de puiſſance, n'eſt-il pas évident que ce moyen eſt trop lent contre un danger preſſant; que ſi, en l'employant, on irrite ſes voiſins, on tourne le dos à ſon objet?

Mais diſcutons ceci avec encore plus de préciſion.

Quelles peuvent être les cauſes des émigrations, & à quelles cauſes doit-on attribuer l'inſuffiſance d'un peuple pour remplir ſon territoire? Les cauſes d'émigration ſont la miſere ou l'oppreſſion que l'émigrant a ſoufferte chez ſoi; le deſir de s'y ſouſtraire eſt l'eſpérance d'être mieux dans le pays où il ſe tranſporte.

Le Souverain, qui veut que les émigrants, de quelque Pays que ce ſoit, deviennent ſes ſujets, ne peut légitimement contribuer à faire naître les motifs de l'émigration. Il ne peut ni être l'auteur ou le conſeiller de l'oppreſſion, ni faire tomber les ſujets d'autrui dans la miſere. Tout ce qu'il peut faire, eſt de gouverner ſi bien ſes Etats, que les mécontents préferent ſon territoire à tout autre aſyle.

Mais quelles ſont les cauſes du défaut de population? Ecartons les guerres & les épidémies; puiſqu'il eſt prouvé, par l'expérience de tous les peuples & de tous les Pays, que ces cauſes paſſageres ont un effet très-borné, & que la perte qu'elles cauſent eſt réparable en peu d'années.

Mais encore, pourquoi ces pertes ſe réparent-elles ordinairement, ſans que le Gouvernement s'en mêle, tandis que la population générale en reſte au même point, ou diminue, tandis qu'il reſte du vuide dans un Etat pendant des ſiecles entiers? Ce phénomene eſt facile à expliquer. Les hommes que fait périr la guerre ou l'épidémie, ſont le produit de ménages actuellement exiſtants, & fondés ſur un moyen de ſubſiſter. Or, un homme de moins dans un ménage n'eſt pas un mariage de moins; & quand cela ſeroit, ce ne ſont point des enfants de moins; & quand ce ſeroient des enfants de moins, ce ne ſont point des petits-enfants de moins. En général, les familles ſe mettent naturellement pour le nombre, au niveau de la quantité de leurs moyens. Mais quand même la perte d'un homme mettroit fin à un ménage, ſi le moyen de ſubſiſter reſte, il accroît à une autre famille, dont une branche remplace le ménage détruit. C'eſt ainſi que, ſuivant une obſervation que j'ai déja faite, le métier des armes, comme débouché, & la caſtration, ne ſont point contraires à la population, & la favoriſent ſouvent où les mœurs doivent la contrarier.

C'eſt encore ainſi que, ſuivant l'expérience de tous les peuples qui ont des colonies, où l'établiſſement de nouvelles familles eſt facile, la population s'accroît rapidement, tandis qu'elle reſte la même où cette facilité n'a pas lieu.

Mais croyons qu'il y a une grande analogie entre les cauſes qui s'oppoſent à l'accroiſſement de la population, & celles qui en produiſent la diminution. Suivant ce que nous venons de dire, les premieres de ces cauſes ſont la difficulté d'établir de nouvelles familles, ou le défaut de moyens ſurabondants dans chaque famille. Mais, dira-t-on, comment ces cauſes exiſtent-elles dans un territoire dont la population eſt inſuffiſante, & n'exiſtent-elles pas dans une colonie où il n'y a non plus que ſuperflu de territoire?

Recueillez ſoigneuſement les faits, & ils vous donneront la différence que vous cherchez. En voici quelques-uns. Dans une colonie, tout eſt arrangé de la part du Gouvernement, de maniere à favoriſer les nouveaux établiſſements; exemption d'impôts, facilités, ſecours de toute eſpece. Du côté des colons, frugalité, néceſſité de travailler, opinion avantageuſe du territoire qu'il faut défricher, genre de productions que la terre demande, & que le commerce enleve auſſi-tôt. Une colline riante, dont l'aſpect ſauvage a le ſouris de la fécondité, eſt une puiſſante invitation au défrichement. Un ſeul homme ſe ſent en état de l'exécuter, & en a le courage, parce que ce qu'il cultivera ſera à lui, & qu'il voit ou croit voir de près l'aiſance & même l'opulence. Dans ſa patrie, ce même colon arroſoit la terre de ſes larmes, en gémiſſant de ce qu'aucune portion de cette terre n'étoit à lui.

Tout le contraire de ce que nous venons de remarquer dans les colonies, ſe préſente à nous dans les territoires anciennement aſſignés à une ſociété nombreuſe. Les loix néceſſaires qui aſſurent les propriétés, & reglent l'ordre des ſucceſſions, enchaînent l'induſtrie de l'homme qui n'a rien, & accordent une protection funeſte à l'homme tout à la fois avide & pareſſeux. C'eſt par ce double vice, & par le préjugé qui meſure ſur des beſoins imaginaires les moyens de ſubſiſter, que de vaſtes domaines doivent reſter à un ſeul homme. Si cet homme eſt ſoigneux & attentif, il les augmente encore: mais ſon fils, né dans l'abondance, & que ſon pere a voulu avoir pour unique héritier, comme s'il l'eût deſtiné au vice; ce fils n'eſt riche que parce qu'il a de quoi être riche, parce que ce qu'il ne peut pas perdre eſt encore très-conſidérable. Cependant il n'eſt pas même riche, parce qu'il dépenſeroit volontiers davantage; il croit donc que ce qu'il a ſuffit à peine à une famille, & il n'a garde de conſentir à ce que deux enfants qu'il établiroit, fuſſent chacun la moitié moins riches que lui. Il s'accuſeroit de cruauté. L'inſenſé ne voit pas que deux & trois enfants avec d'autres mœurs que les ſiennes, seroient chacun plus riches que lui, après avoir partagé sa fortune.

Voilà donc un grand vice dans les mœurs, qui s'oppose puissamment à l'accroissement de la population, par-tout où il y a erreur sur la quantité de biens nécessaire à la subsistance d'une famille. Cette erreur est équivalente à la diminution des moyens, & l'opere réellement en plus d'une maniere. Ce qui, garanti par la loi à une seule famille, devroit être le soutien d'un grand nombre de ménages, & leur suffiroit, suffit à peine à un seul, moins encore par la déprédation que la société peut tolérer, que par la mauvaise culture ou l'abandon total de beaucoup de terre, qui reste en friche, pendant que des milliers de bras sont désœuvrés.

Un autre obstacle à l'accroissement de la population, est l'opinion que le peuple se fait de la stérilité de certains fonds, ou de leur aptitude exclusive à certaines productions, dont il n'y a que la très-grande quantité qui fasse le prix. Ainsi le grand propriétaire est forcé de garder ces terres avec très-peu de fruit, quand il voudroit les donner, & personne ne les accepteroit; & delà vient que beaucoup de grandes terres n'ont de domaine non-engagé, que les plus mauvais fonds de tout le canton.

Une circonstance accessoire fortifie encore cet obstacle à la population; c'est l'impuissance où sont de faire des entreprises coûteuses, ceux qui en auroient la volonté; & le défaut de volonté dans ceux qui le pourroient. Mais ceux-ci même sont en petit nombre, parce qu'où le luxe eſt grand, il y a peu de riches, & que, ſans l'œil du maître, nulle entrepriſe n'eſt profitable.

Mais ſi nous jettons les yeux ſur les fonds cultivés, nous y verrons tracés, d'un bout à l'autre, les pas brûlants de la miſere. Quand on ne laiſſe point de ſuperflu au cultivateur, il ne peut ni améliorer la culture, ni l'étendre, ni la varier. Pour tout cela, il faut de l'argent, qu'on puiſſe riſquer, ou dont on puiſſe ſe paſſer. C'eſt placer un capital, que de défricher ou d'améliorer. Mais qu'on y prenne garde. Où manque la population, ni les propriétaires, ni les cultivateurs, ne ſont capitaliſtes; ils ne peuvent donc donner au fonds, qui ne nourrit qu'une famille, la valeur qu'il devroit avoir pour en nourrir davantage.

Ce ſera encore bien pis, ſi l'aiſance n'oſe ſe montrer ſans être proſcrite, ſi le publicain s'élance ſur elle partout où il l'entrevoit, pour la ſucer pendant que le Souverain dort, comme les chauve-ſouris du Bréſil ſucent juſqu'à la défaillance ceux qu'elles trouvent découverts & endormis. Où régne un pareil déſordre, le produit des meilleurs fonds doit diminuer, loin qu'on puiſſe s'y promettre, ni amélioration, ni défrichement, ni établiſſements nouveaux. Or, avec le produit des fonds, languit ou diminue la population.

Elle languit encore, & decroît avec l'agriculture par les mauvaiſes mœurs, & celles-ci ſe corrompent le plus ſouvent par la miſere, le déſeſpoir, & les exemples contagieux.

Or, les mœurs ſont mauvaiſes à cet égard, quand le découragement fait concevoir le vœu de vivre ſans travail, & à l'abri des vexations; quand l'exemple des fortunes ou d'une oiſiveté ſcandaleuſe encourage l'accompliſſement de ce vœu; quand delà naît le goût des aventures qui mene à une vie vagabonde.

Delà réſulte une diminution très-grande du nombre de bras induſtrieux. Nouvel obſtacle à l'amélioration, ſans laquelle nulle eſpérance d'un accroiſſement de population; delà encore, moins de mariages; delà l'expatriation à laquelle ſe réſout celui qui n'a pas trouvé dans la domeſticité, dans l'induſtrie des Villes, ou dans d'autres profeſſions, le bonheur qu'il y avoit cherché.

Il falloit à ces hommes un produit net, dont ils puſſent vivre. Ils avoient cru le trouver. Ils courront toute la terre pour le chercher.

Il y a là-dedans vice d'adminiſtration, défaut de police, dépravation de mœurs.

Levez les obſtacles, donnez des facilités pour la création de nouveaux moyens de ſubſiſtance, & vous mettrez votre territoire ſur le pied d'une colonie. Le peuple s'y multipliera, ſans qu'il ſoit beſoin d'y appeller de nouveaux colons. Mais ſi vous ne faites rien de tout cela, en vain vous appellerez des étrangers; il en viendra peu: ils ne viendront que pour trouver un produit net; ils s'en iront, s'ils ne le trouvent pas; & s'ils le trouvent, ce ſera au détriment de vos ſujets dont l'émigration augmentera. Vous dépenſerez beaucoup; vous mentirez encore davantage, & vous manquerez votre objet.

Faites, au contraire, ce que je vous dis, & vous

n'aurez point beſoin d'étrangers; mais alors il vous en viendra, ſans que vous les appelliez.

Il me paroît donc certain que ce n'eſt que dans un Pays mal régi, que l'on peut ſentir le beſoin de débaucher les ſujets de ſes voiſins, & que c'eſt préciſément pour un pareil Pays que ce remede eſt ſans effet ou pernicieux.

Mais après avoir détruit l'utilité apparente des embauchements, que l'on a tant vantés comme une excellente recette contre la dépopulation, ai-je encore beſoin d'en examiner la légitimité? Si cela étoit néceſſaire, je l'examinerois du côté des moyens, & là je ne trouverois que menſonge, ſéduction, folle dépenſe; du côté de la juſtice que tout Prince doit à ſes voiſins, & elle me me paroîtroit violée; du côté de celle qu'il doit à ſes ſujets, & je ne la trouverois pas dans le projet de les reſſerrer, & d'étouffer par-là une partie de leurs générations futures.

TROISIEME QUESTION.

Le devoir général de pourvoir à la ſubſiſtance de tous, s'étend-il ſolidement aux individus, en ſorte que la miſere de chacun ſoit un crime du Magiſtrat?

Dans les Pays où le Souverain veut tout régler, tout diriger, où il fait intervenir ſon autorité juſques dans les détails économiques, cette queſtion n'eſt pas difficile à réſoudre. Qui ordonne tout, répond de tout.

Mais cette manie de tout régler n'eſt pas par-tout au point où je l'ai vue dans un Etat qui eſt pourtant une bonne Province pour l'étendue & pour le produit. Il y a peu d'autres Pays où l'on se soit avisé de mesurer au paysan sa boisson, de lui interdire certains aliments pour augmenter ses rentes, de lui désigner l'emploi de ses terres, de fixer le nombre de ses bestiaux de chaque espece.

Il est pourtant vrai que s'il y a peu d'exemples d'une pareille extravagance, il y en a beaucoup de réglements inutiles, & par conséquent pernicieux. Cependant je n'ai point encore entendu dire qu'on ait pris à partie les auteurs de semblables réglements, pour les forcer à la réparation des dommages qui en ont résulté. Ce seroit pourtant une justice, & en même-temps le moyen le plus assuré d'imposer silence à ces hommes téméraires, qui se font un jeu de la liberté & de la fortune des citoyens.

Le principe empoisonné de cette pernicieuse législation, est la fureur de tout rapporter à la puissance de l'Etat, comme si la société existoit pour être puissante, & non pour assurer & augmenter le bonheur des individus qui la composent.

Les Princes sont-ils donc si inhumains, qu'on ne puisse les intéresser que par un profit pécuniaire? Sont-ils si pauvres, que chaque jour leurs revenus doivent être augmentés? Sont-ils réduits en telle détresse, qu'il leur faille une ambition toujours active pour ne pas tomber au-dessous de ce qu'ils sont?

Mais non, leurs Conseillers les calomnioient, & c'est leur intérêt particulier qu'ils ont eu en vue. Ce sont ces hommes avides, qui se sont fait la maxime infernale de ne favoriſer l'induſtrie, de ne la diriger, ſouvent très-mal, de ne conſentir enfin à la ſubſiſtance du peuple, qu'à condition qu'il en réſulte un accroiſſement aux finances du Souverain : comme ſi les beſoins de l'Etat n'étoient pas la meſure certaine des demandes que la finance peut faire légitimement ; ou comme ſi ces beſoins ou n'avoient pas de bornes, ou croiſſoient avec l'aiſance du peuple.

On dit encore, on répete aux meilleurs Princes : La richeſſe de vos peuples fait la vôtre, & cette maxime paroît remplie d'humanité, digne des peres de la patrie.

Mais quand on propoſe au Prince un pareil motif pour l'engager à ſoulager ſon peuple, n'eſt-ce pas lui dire : Vous voulez avant tout être riche ; eh bien, ſi vous voulez l'être, conſentez que votre peuple le devienne ; & alors vous ſerez en droit de lui demander plus qu'il ne peut vous donner aujourd'hui ; vous ſerez alors plus riche.

Les peuples ſont donc un troupeau qu'il faut bien nourrir pour le manger gras, ou du moins c'eſt donc une foule d'eſclaves à qui il faut donner du relâche, à qui on doit laiſſer des aliments, des outils, & un peu d'intérêt propre, afin que leur travail, devenu plus fructueux, ſoit auſſi plus profitable à leur maître. Si telle eſt notre condition, que l'on nous accorde donc auſſi les bénéfices de la ſervitude ; que notre maître nous faſſe ſoigner quand nous ſommes malades ; qu'il ſupporte les pertes que nous faiſons en travaillant pour lui ; qu'il nous nourriſſe quand nous ne pouvons plus travailler.

C'eſt une juſtice qu'il nous doit, & non un acte de pitié, que ſollicite l'humanité.

O ſiecle trop livré aux ſophiſmes, qu'embellit l'eſprit, & qui ſéduiſent les cœurs, qui les attendriſſent pour mieux les corrompre, juſqu'à quand travailleras-tu à ce petit édifice d'humanité, de proſpérité, de politeſſe, d'arts, de ſciences, de philoſophie, dont les fondements repoſent ſur l'erreur & le menſonge!

Pourquoi tout doit-il être artificiel, compaſſé, enchaîné? C'eſt que tout eſt rapporté à des maximes ſpécieuſes, qui ſont bien éloignées des ſolides principes; c'eſt que l'habitude a fait adopter comme des droits & des devoirs ce qui n'en fut jamais.

C'eſt, ſans doute un devoir du Souverain de pourvoir à la ſubſiſtance de tous, en ce ſens, qu'il doit veiller contre la violence étrangere, l'injuſtice domeſtique, & tous les vices qui affament le peuple; en ce ſens encore, qu'en qualité d'homme unique, ayant des rapports avec les étrangers, c'eſt à lui de préſider à la recherche des ſecours qu'il peut être néceſſaire de tirer de l'étranger; en ce ſens encore, qu'en la même qualité, il doit être la caution de ſes ſujets vis-à-vis de l'étranger; en ce ſens, enfin, que, comme un bon pere, il doit éclairer, inſtruire, encourager ſes enfants.

Mais du reſte, ſon devoir eſt de les laiſſer faire, de reſpecter leurs propriétés & leur liberté, & d'abandonner tous les détails à la direction éclairée, au reſſort actif de l'intérêt particulier, de la volonté propre & entiere des individus.

A ces conditions, le Prince ne répondra de rien, &

la misere des individus ne pourra lui être imputée; car les hommes ne se sont pas mis en société pour que la communauté nourrît les individus, mais afin que chacun jouît en assurance des fruits de son travail, & aussi afin que leur aisance fût augmentée par les secours mutuels, & la distribution des divers genres de travail que produit la facilité des échanges entre voisins soumis aux mêmes loix.

Ce sont donc les individus qui doivent nourrir la communauté; en ce sens, que l'industrie de chacun doit faire l'aisance de tous; & en ce sens encore, que chacun doit contribuer aux dépenses communes de la société. Mais dire que la communauté répond aux individus de leur subsistance, c'est renverser les fondements de la société; & cette étrange maxime n'a pu être imaginée qu'où la communauté attaque sans cesse la subsistance des individus, & s'empare d'une quantité de biens plus grande que celle dont elle a besoin pour les dépenses vraiment publiques.

Je ne dis pas ceci pour faire condamner les fondations qui sont destinées au soulagement des malheureux. Ce sont des établissements pieux: définition qui suppose que ce n'est qu'une forme qu'a prise la charité pour assurer les secours mutuels que se doivent les hommes, & sur-tout les concitoyens; mais définition qui prouve que ce ne sont point des établissements politiques, puisque le Souverain ne connoît point d'indigents, & ne doit point avoir de fonds pour les soulager. Car il n'a que l'offrande des citoyens aisés; & cette offrande est, par sa nature, destinée aux besoins publics ou collectifs de ceux qui la font.

Auſſi n'eſt-ce qu'à proportion que l'on s'éloigne des vrais principes, que l'on voit ſe multiplier ces fondations de toute eſpece, qui ſont le triſte aſyle de la miſere particuliere, un pas de plus vers la miſere publique, & un tribut que l'opulence paye ſouvent par vanité, ſouvent pour appaiſer des remords tardifs à une compaſſion qui ne devoit point avoir d'objets. Les fondations nationales ne devroient être conſacrées qu'à une indigence nationale. Ce devroit être la reſſource des pauvres publics, ſi l'on peut parler ainſi. Mais quels peuvent être ces pauvres ? Ceux-là ſeulement qui ſe ſont voués au ſervice public, & que leur travail, ingrat par lui-même, ou malheureux ſans leur faute, n'a pas mis en état de ſubſiſter ſans travail.

Mais, dans un Etat où tout eſt domaine public, où le Magiſtrat autoriſe, favoriſe même le déplacement continuel des citoyens, ſous prétexte de les employer plus directement à l'accroiſſement de la proſpérité publique, les pauvres publics ſont tous ceux que ce déſordre a fait tomber dans la miſere; & le nombre en devient ſi prodigieux, qu'il doubleroit pour ſon entretien les dépenſes de l'Etat, ſi jamais on complétoit le petit ſyſtême auquel on travaille depuis ſi long-temps, ce ſyſtême monſtrueux & frivole, qui tend à mettre tout dans la main du Souverain. Mais détournons les yeux de ce qui eſt, pour conſidérer ce qui doit être.

Dans l'ordre naturel des choſes, le nombre des pauvres publics eſt très-borné ; peut-être même ne doit-il point y en avoir : car le Souverain n'employe au ſervice de la ſociété que les hommes vraiment ſociables,

ou

ou ceux que le produit net de leurs biens met en état de consacrer une partie de leur temps au service de la société, sans que leur déplacement leur ôte les moyens de subsister.

Si pourtant il doit y avoir des exceptions à cette regle, parce que nul réglement ne peut pourvoir à tout; & aussi parce que les hasards qui influent sur la condition humaine sont infinis; si, dis-je, il doit y avoir des pauvres publics, leur sort ne doit pas être aggravé par l'opprobre, ni leur indigence soulagée à demi. S'il y a de leur faute, s'ils n'ont pas payé à la patrie tout le tribut de services qu'ils lui avoient promis, qu'ils rentrent dans leur état primitif, & qu'ils y subsistent de leur industrie, avec l'assistance de leur communauté, ou du corps auquel ils appartiennent, mais sans aucun secours du Souverain, qui ne doit de solde qu'aux services actuels, & à la vétérance honorable.

Quant aux bons serviteurs de l'Etat, puisque leurs services ont été agréés, qu'ils soient mis dans la classe des citoyens vraiment sociables, dont ils ont rempli les devoirs; qu'ils passent le reste de leur vie dans l'aisance; mais chacun d'une maniere appropriée à son état, & relative à ses services, & sans qu'on leur fasse acheter les secours qu'on leur doit, par la dure nécessité d'être bannis du lieu de leur naissance, & de vivre entassés dans un hôpital.

C'est à l'agriculture, c'est aux arts, où il y a des corporations, à nourrir leurs pauvres & leurs invalides. Que chaque Pays nourrisse les siens, & qu'il n'y ait point de misere vagabonde; qu'il ne se forme point une maſſe d'indigence capable d'écraſer les établiſſements les plus riches, & qui ne s'accroît qu'aux dépens de l'aiſance, dont elle attaque le principe, & qu'elle aſſiege pour la mettre à contribution.

Le déſordre parvenu à ce point, eſt le déſeſpoir du Légiſlateur, le tourment de la police, & le fléau le plus terrible de la ſociété, qu'il attaque dans ſes fondements. Car enfin, les mendiants vivent du produit net que crée le travail des citoyens laborieux, & leur oiſiveté eſt une diminution conſidérable de ce produit. Ils vivent comme des citoyens aiſés, & ſont pourtant l'opprobre de la ſociété qu'ils épuiſent.

En vain une charité mal-entendue éleve contre moi des cris fanatiques. Vous qui raſſemblez à votre porte une ſoule d'indigents qui y reçoivent réguliérement la plus petite des aumônes, ſavez-vous ce que vous faites ? Vous ne ſoulagez perſonne, & vous impoſez à vos voiſins la dure loi d'imiter votre piété mal-entendue, ou d'être accablés de malédictions. Allez une fois les écouter, ſi vous voulez ſavoir de quel prix ſont les bénédictions dont votre cœur ſe repaît. Mais qu'apprends-je ? Vous faites des diſtributions faſtueuſes où vous êtes ; & dans vos terres, il y a des mendiants qui vont aſſiéger d'autres maiſons ; il y a des journaliers qui ne peuvent recouvrer leurs forces, faute d'aliments convenables à leur état ; il y a d'honnêtes familles, qu'un revers a miſes en décadence, & qui ne peuvent ſe relever, faute d'un ſecours modique, qu'ils ne trouvent point.

Commencez par ne pas mériter ces reproches, ſi vous

voulez que je vous écoute. Mais, dira-t-on, dans les grandes Villes, il faut de grands hôpitaux. Je le nie, & je vous envoye lire une partie de mes raisons dans ceux qui existent. Souffrez-y seulement le supplice du spectacle, & dites-moi ensuite ce que vous pensez de ces gouffres où s'abyme la misere avec le misérable.

Que chaque corporation ait son hôpital, que, dans chaque quartier, la bourgeoisie ait le sien, & qu'il n'y ait point d'hommes inutiles dans les Villes; & je vous demanderai ensuite comment vous compteriez remplir de grands hôpitaux.

Des étrangers, me direz-vous, que la maladie ou le malheur arrête dans un séjour étranger. Si j'en étois cru sur le reste, vous ne me feriez pas cette réponse. Mais supposons les hasards, les aventures bizarres, tout ce qu'on ne peut pas prévoir, & qui pourtant peut arriver : j'accorde à cette supposition l'établissement d'un hôpital des étrangers, dont j'ouvre la porte à quiconque se présentera. Je fais plus; je force d'y entrer quiconque sera sans aveu, sans secours, & sans force, pour être reconduit dans sa patrie; chacun y sera traité comme l'exige l'humanité. Mais cet asyle sera en même-temps une prison, d'où personne ne sortira sans qu'on sache qui il est, de quel pays, par quel hasard il s'est égaré, ce qu'il a fait. Toutes ces informations prises, ou on le laissera partir avec un certificat qui lui marquera sa route, & un viatique suffisant; ou s'il ne mérite point de confiance, on le fera reconduire chez lui. Voilà pour les regnicoles. Quant aux étrangers proprement dits, si leur voyage a eu un but honnête, on leur fournira les moyens de le remplir; sinon ils seront reconduits jusqu'à la frontiere; & en attendant que leur nombre vaille les fraix d'une escorte, on les employera assez utilement, pour que leur travail paye leur nourriture & leur voyage.

Croyez-vous qu'un pareil hôpital dût être fort grand, & fût souvent rempli? Pour moi, je ne le crois pas; & quand vous y aurez réfléchi, vous serez de mon avis.

Je conclus de ces détails, que tous les biens n'étant pas en commun sous la régie du Souverain, mais chacun ayant ou pouvant avoir sa propriété, ni le superflu des citoyens ne doit leur être ôté, pour en être fait par le Prince une autre répartition, ni la misere des infortunés ou des paresseux ne doit faire une masse dont le poids puisse tomber sur ceux que voudront choisir pour leurs tributaires ces hommes de néant, ni les secours que l'humanité arrache à la politique, ne doivent être accumulés dans certains lieux.

En laissant aux citoyens leur superflu pour s'en aider contre les revers possibles, le Prince ne contracte point l'obligation étroite de pourvoir à la subsistance de chaque individu.

En tenant divisée par cantons la misere actuelle, & en proportionnant les secours à son étendue réelle, en sorte qu'à chaque lieu, comme à chaque jour, suffise son mal, on se rendra plus facilement maître de cet ennemi public. On ne lui opposera qu'autant de moyens qu'il sera nécessaire, & ils seront plus certainement efficaces. De plus, chaque pays portera la peine de ses mauvaises mœurs, ou de sa mauvaise économie.

QUATRIEME QUESTION.

Est-il bon & utile que le Prince pourvoye directement à la subsistance d'un grand nombre de ses sujets?

On a posé depuis long-temps en principe, que le Souverain doit être le distributeur des graces. On a été jusqu'à dire qu'il en est la source. Delà il a été naturel de conclure, que plus un Prince distribue de graces, plus il est une source abondante de bienfaits, plus aussi il est Prince, plus il est grand.

Ainsi un faux principe mene conséquemment à de fausses conséquences.

Je n'attaque point le droit qu'ont tous les Souverains de distribuer des bienfaits; mais je ne veux pas que de ce droit on fasse un attribut constitutif de leur dignité. Ce n'est en eux qu'une fonction assujettie à des regles dans son exercice, & dont la répétition ne contribue pas plus à augmenter leur dignité ou leur pouvoir réel, que la fréquence des crimes augmente le pouvoir des Magistrats chargés d'en poursuivre la punition.

Il ne faut pas, sans doute, que l'autorité souveraine, ou la royauté, soit, d'un côté & de l'autre, le droit de faire des largesses. Autrement nous aurions des Maires du Palais dans les distributeurs des largesses, & des Rois fainéants & méprisés.

Mais les bienfaits, si nous remontons à leur source, sont un tribut que l'aisance paye aux services, par lesquels elle est en sûreté, ou s'accroît. Si nous considérons l'autorité qui les accorde ou les refuse, c'eſt celle d'un juge qui prononce ſur la réalité & la valeur des ſervices que la ſociété elle-même a intérêt de récompenſer. Si nous en examinons l'objet, c'eſt un dédommagement qui rétablit l'équilibre du bien & du mal, & qui maintient l'égalité proportionnelle entre des hommes eſſentiellement égaux; c'eſt auſſi un encouragement à s'oublier ſoi-même, pour s'occuper de la choſe publique.

D'après ces définitions, il eſt aiſé d'établir les regles qui doivent diriger le Souverain dans l'exercice de l'importante fonction que nous lui attribuons.

Dès que les bienfaits ſont un tribut que paye l'aiſance, il eſt évident que ce tribut ne doit ni la détruire, ni la déplacer par ſon excès; autrement ce ne ſeroit plus un tribut, mais une contribution levée hoſtilement par un ennemi.

L'aiſance le paye aux ſervices, par leſquels elle eſt en ſûreté, ou s'accroît. Elle ne le paye donc ni à ſes deſtructeurs, ni à ceux qui ne contribuent pas plus à ſa ſûreté qu'à ſon accroiſſement. Si donc on le partage entre des hommes inutiles, ou qui ne ſont utiles qu'autant que leur ſeul intérêt les engageroit à l'être, c'eſt un mauvais emploi; c'eſt un vol fait à la ſociété; c'eſt une entrepriſe dangereuſe contre l'aiſance, qui ſouffre une diminution ſans en recevoir la compenſation. Un pareil abus tend donc à la détruire.

L'autorité qui accorde les bienfaits, eſt celle d'un juge qui prononce. Or, de même que les peines ne doivent pas être arbitraires, les bienfaits ne le doivent pas être; ils ne doivent être accordés qu'à qui les mérite, qu'autant qu'ils sont mérités, & pour l'objet qu'ils doivent avoir. Il y a prévarication dans le juge, s'il donne à qui ne fait rien pour le public, à qui ne fait que ce que lui prescrit un intérêt indépendant du bienfait, à qui ne peut faire mieux à raison de cet encouragement, à qui ne mérite pas d'être imité, ou le sera certainement sans cette espérance de plus : il y a encore prévarication dans le juge, s'il donne trop; car l'excès du don est sans cause & sans objet; enfin, il prévarique, en ne donnant pas, ou en donnant trop peu, lorsqu'un don ou un plus grand don, est mérité, ou seroit utile.

Et, en effet, les bienfaits sont ou un dédommagement, ou un encouragement, ou tous les deux à la fois.

Tous les citoyens qui ont reçu également, doivent également à la société; mais il est presqu'impossible qu'ils payent également leur tribut de services. Il y a donc inégalité ou injustice dès que des devoirs égaux, à raison d'une égalité de biens, sont remplis inégalement. Or, c'est pour faire disparoître cette inégalité, ou empêcher cette injustice, qu'il a été convenu de mettre dans la main du Souverain, une certaine masse de biens de différente espece, sur laquelle il puisse prendre de quoi augmenter les avantages de celui qui a excédé la mesure de ses devoirs, à la décharge ou au profit de ceux qui devoient autant que lui, & ont moins fait.

Soit donc que le supplément de biens soit trop fort, soit qu'il soit trop foible, il y a injustice.

Les hommes, naturellement paresseux, comme tous les animaux, ont besoin d'être aiguillonnés. Lorsque leur intérêt eſt par lui-même aſſez grand, lorſqu'il eſt aſſez connu pour les faire agir, il n'y a point lieu à l'encouragement. Mais ſi l'intérêt eſt petit, incertain ou équivoque, & qu'il y ait lieu de craindre que, par ces défauts dans l'intérêt particulier, les facultés ne ſe développent pas au point que l'exigeroit l'intérêt public, ou que, ces facultés étant développées, l'emploi ne s'en faſſe pas, c'eſt le cas d'un encouragement. Mais il ne doit ni égaler l'utilité du ſervice, autrement il ne reſteroit point de bénéfice pour la ſociété, ni même être plus grand qu'il n'eſt beſoin pour aſſurer le ſervice. Remarquez pourtant que ſi le même bienfait doit être tout à la fois un dédommagement & un encouragement, cette circonſtance en ſollicite l'augmentation, même au-delà de ce qu'il devroit être comme encouragement.

Je ſais bien ce qui a accrédité la prodigalité des Princes, & a fait regarder comme une vertu ce qui n'eſt que l'habitude d'une injuſtice.

De tous temps, les courtiſans ont formé plus ou moins le cercle d'opinions dont l'ame des Souverains a été aſſiégée, & leur eſprit enchaîné. Or, on a toujours vu les bienfaits ſe répandre avec profuſion autour du trône, parce que ce ſont ceux qui en approchent le plus, qui peuvent importuner, dont les ſervices, vus de plus près, paroiſſent les plus grands; qui touchent & attendriſſent, qui trompent par l'apparence d'un attachement perſonnel, dont la ſociété n'a que faire, mais que le Prince croit mériter ſa reconnoiſſance. Il eſt donc très-naturel que ces hommes regardent le reſte de la nation comme un peuple conquis, aux dépens duquel ils doivent nager dans l'opulence, & qu'ils répetent ſans ceſſe au Prince, qu'il n'eſt grand que par le pouvoir de faire du bien; qu'il ne ſera reſpecté qu'à proportion de la magnificence qui l'entourera; que ſon autorité ne ſera grande & ſolide qu'autant qu'il ſoudoyera beaucoup de monde.

Telle eſt la ſource d'un déſordre, dont gémiſſent également la juſtice, l'humanité, & la ſaine politique.

Je dis que la juſtice en gémit, & je l'ai déja prouvé. L'humanité en gémit, parce que le Prince ne peut multiplier ſes dons, ſans augmenter ſes demandes; que le tribut du peuple ceſſe dès-lors d'être une offrande, & devient une exaction; que le ſuperflu & même une partie du néceſſaire étant ôtée aux citoyens induſtrieux pour compoſer un ſuperflu aux fainéants, la miſere s'attache aux racines de la proſpérité publique & les corrompt; que delà naît le découragement, d'où réſulte l'abandon du travail & de l'induſtrie. On fait donc beaucoup de malheureux, qui le ſont très-réellement, pour procurer à un petit nombre de citoyens un bonheur très-chimérique pour la plupart. Je dis que ce bonheur eſt chimérique, parce que ſi on compte ce qu'il leur en coûte pour ſéjourner-là où regne le luxe le plus ruineux, & ce qu'ils perdent de leurs revenus propres pour ne pas ſéjourner ſur leurs terres, & ſi à ces deux ſommes, on ajoute ce qu'ils ſupportent de la ſurcharge des impôts, & ce qu'indirectement elle produit de diminution dans leurs revenus, on trouvera que le tout enſemble excede la ſomme totale des bienfaits dont ils ſont ſi avides, J'ajouterai encore, pour faire mieux ſentir combien tout ce ſyſtême eſt extravagant, que la plupart de ceux qui ſe félicitent d'avoir acquis la poſſeſſion viagere d'une partie de la dépouille des peuples, ont ſouvent diminué leurs revenus propres d'une ſomme égale, ou preſqu'égale à celle dont ils ne jouiſſent que viagérement.

Mais, dit-on, ce ſyſtême eſt avantageux à l'autorité, qu'il augmente & qu'il affermit. Et qui vous a dit, raiſonneur téméraire, que l'autorité a beſoin d'être augmentée & d'être affermie? Vous calomniez tout à la fois le Prince & ſon peuple. Ni l'un ne veut envahir des droits qui commencent à être ſacrés, où ceſſe la néceſſité de l'obéiſſance; ni l'autre ne penſe conteſter à ſon pere aucune partie de l'autorité ſalutaire dont il attend ſon bonheur, lors même qu'il n'en reçoit que des coups. Voulez-vous donc qu'un pere ait des ſatellites pour contenir ou opprimer ſes enfants? ou prétendez-vous que le Prince puiſſe vouloir le bien & montrer le mal, en ſorte qu'il ait beſoin d'acheter des approbateurs? Ou enfin, ſuppoſez-vous que le Prince, voulant faire le mal, il ſoit utile qu'il le puiſſe faire, afin que bientôt ou ſon trône ſoit renverſé par le peuple irrité, ou le peuple ſoit écraſé par ce trône devenu trop peſant?

Je n'admets point le combat de la prérogative & des libertés. Mais quand je l'admettrois, je ne pourrois approuver le commerce honteux par lequel un Souverain extorque de ſon peuple plus d'argent qu'il ne lui en faut, pour acheter de lâches partiſans, qui font l'apprentiſſage de la haute trahiſon, en trahiſſant leurs concitoyens.

Heureux le Pays où l'amour de la nation complete les droits du Prince, & où celui-ci a toute l'autorité dont il a besoin pour faire le bien, & rencontre des obstacles sans nombre, quand il veut faire le mal!

Si, dans ce Pays, on connoît encore l'essence de la société, dont la subsistance est assurée par le travail, la défense & la police fondées sur l'aisance des citoyens, le régime commun sur le superflu de l'aisance, on en bannira les moyens de subsister sans travail, l'aisance sans propriété, les services mercenaires, & le brigandage, qui engage à trop exiger pour donner avec profusion. C'en est assez sur cette question. Je passe à la cinquieme.

CINQUIEME QUESTION.

Est-ce multiplier les hommes, que d'augmenter la masse de l'argent?

Si nous avions un tableau exact de la population de l'Europe depuis quatre ou cinq siecles, cette question seroit peut-être résolue par les faits; car il est certain que la masse de l'argent s'est accrue en Europe; & il est presque certain que la population n'y a point augmenté.

Mais ce n'est peut-être pas-là le véritable état de la question : car, peut-on dire, il ne s'agit pas ici de la masse absolue de l'argent, qui est indifférente; il ne faut considérer que la masse relative; &, sous ce rapport, plus il y a d'argent dans un Pays, plus il y a d'hommes, parce que l'argent attire les hommes.

Nous voilà donc revenus au systême des émigrations

& immigrations, qui ſont, pour la population, ce que ſont pour le commerce ces mots ſi répétés d'exportation & d'importation. J'ai déja dit ce que je penſe de ces accroiſſements de population, qui n'arrivent que par la ſubſtitution d'étrangers ſéduits à la multiplication poſſibles de nationaux. Si donc ce ſont les étrangers que l'argent attire, je fais peu de cas de cette attraction, & j'y renoncerai volontiers en faveur de tout autre moyen d'augmenter la population par la voie la plus naturelle.

Quant à cette attraction en elle-même, je doute un peu de ſa réalité. L'argent attire les avares : mais ce n'eſt pas celui qu'il faut dépenſer qu'ils cherchent ; c'eſt celui qu'ils peuvent garder. Or, où il y a beaucoup d'argent, tout eſt cher ; & ſi l'on reçoit beaucoup, on dépenſe à proportion. L'argent peut attirer encore les gens qui, n'ayant point de domaine, & voulant vivre dans l'aiſance, cherchent un ſalaire ſur lequel ils puiſſent épargner de quoi vivre un jour ſans travail & ſans ſervice. Mais, par la raiſon que je viens de dire, l'affluence de l'argent qui groſſit la dépenſe, n'eſt pas plus avantageuſe à cette eſpece d'hommes, qu'une moindre quantité d'eſpeces avec une moindre dépenſe ; & ſi la premiere peut faire illuſion, ce doit être pour ſi peu de temps, & à ſi petit nombre d'hommes, qu'on ne peut regarder cette illuſion comme un reſſort politique.

C'eſt l'emploi des hommes qui attire les hommes ; car tous ſavent qu'au milieu de la plus abondante circulation, celui-là meurt de faim, qui n'a pas le moyen de rien gagner.

Lors donc qu'on annonce une entreprise qui doit employer beaucoup d'hommes, si on les voit accourir, ce n'est pas parce qu'il y a beaucoup d'argent dans l'endroit où on les appelle, mais parce qu'on leur promet de l'emploi avec une subsistance honnête. Mais c'est encore ici la matière de beaucoup de sophismes politiques. Où l'on voit une foule d'hommes, on croit voir une entreprise utile à l'Etat, parce, dit-on, qu'elle employe & fait vivre beaucoup de sujets.

Une compagnie de commerce, une manufacture, paroissent, par cette raison, être les mammelles de la société. Mais j'ai déja fait voir combien cette opinion peut être fausse, & combien elle l'est en effet dans tout Etat qui a un grand territoire, dont une partie est ou inculte, ou mal cultivée. Je me bornerai donc ici à dire, que ce qu'on a regardé jusqu'ici comme un secret pour augmenter la population, n'est effectivement que l'art de déplacer les hommes, de rassembler une foule dans un endroit, & de faire des déserts dans dix autres endroits.

Or, cet art est doublement pernicieux, ainsi que je l'ai déja prouvé.

Réprouvons donc sans ménagement, comme très-fausse, la maxime que nous avons mise en question, & substituons-y celle-ci. C'est multiplier les hommes, que d'en multiplier l'emploi, & proportionnellement la masse des subsistances.

SIXIEME QUESTION.

Séroit-ce une chose avantageuse, que le Prince fût, dans certain cas, le dispensateur immédiat des denrées de premiere nécessité?

L'exemple de Pharaon, qui profita si bien des conseils de Joseph, pourroit séduire bien des Princes & des Ministres, si on n'étoit pas généralement prévenu contre le monopole des denrées de premiere nécessité, ou si l'on ne savoit pas que la faim est pour le peuple le plus dangereux de tous les conseillers.

Mais je doute qu'aucun Prince se flattât de trouver dans son peuple la résignation des Egyptiens; & quand il s'en flatteroit, que pourroit-il gagner dans un marché par lequel on ne lui donneroit que ce qu'il a déja, ou ce qu'il ne pourroit accepter sans trouver sa ruine dans celle de ses sujets?

Mais dailleurs, comment un Prince pourroit-il s'emparer d'une assez grande quantité de denrées, pour abuser de la disette qu'éprouveroit son peuple? Seroit-ce en faisant cultiver ses domaines avec soin, & en emmagasinant pour les temps de famine? Il y a longtemps que les domaines des Princes sont tombés dans le plus grand discrédit, par la facilité qu'ils ont de se faire un revenu plus commode & plus clair que celui qu'ils en tireroient. Seroit-ce en convertissant les taxes pécuniaires en taxes réelles, comme dans une certaine proportion, & en gardant aussi pour les temps de disette le produit de ces taxes? Il faudroit pour cela qu'ils fussent en etat de se passer d'une partie de leur revenu; ce qu'on peut difficilement espérer dans l'état actuel de toutes les nations. Mais quand un Prince seroit en état de pousser l'économie jusques-là ; quand il seroit assez bien servi pour faire avec profit cette espece de commerce, je ne craindrois point l'abus de cette sage économie, tant les Princes sont éloignés de douter de l'étendue illimitée de leurs droits, & tant il est contre les mœurs actuelles qu'ils avouent le dessein de les étendre.

Je ne sais aucun exemple d'un peuple qui ait préféré les contributions pécuniaires aux contributions réelles; mais j'en sais de Provinces révoltées contre un pareil changement : & la raison en est bien simple. La contribution pécuniaire suppose une fertilité toujours égale, & un débit assuré à un bon prix. Tous les risques, les non-valeurs, la disette & l'abondance, sont donc à la charge du contribuable. S'il est malheureux, il faut qu'il abandonne la terre. Lors, au contraire, que la contribution est réelle, les risques de toute espece sont pour le Prince, comme pour le sujet. Si la terre produit peu, le Prince reçoit peu; si elle produit beaucoup, & qu'il y ait excès, il reçoit beaucoup, & est surchargé de denrées, comme le sujet.

Il paroît par-là que la contribution réelle dans une proportion constante, est la plus équitable de toutes.

Mais elle a de grands inconvénients dans la difficulté de régie, & c'est-là ce qui la fait abandonner presque par-tout.

Il faut pourtant convenir que ce fut en grande partie à ce systême que nos Princes dûrent autrefois leur opulence, & les Etats leur prospérité; d'un côté, parce que les peuples furent moins vexés, & de l'autre, parce que la nature même de la contribution attachoit les cultivateurs à leur sol, & animoit la culture.

Que dans les Pays où les rentes des Seigneurs sont encore une partie notable de leurs revenus, on compare les terres où sont établies les rentes en denrées, & celles où elles se payent en argent, & l'on trouvera une différence sensible entre la culture des unes & celle des autres; & si, dans le nombre, on rencontre des Seigneurs économes & intelligents, on verra qu'où les rentes sont en nature, & le paysan & le Seigneur s'en trouvent bien, le paysan, par les raisons que j'ai dites, le Seigneur, parce qu'il est mieux payé, & qu'il est en état de garder ses denrées jusqu'au temps d'une vente avantageuse.

Si cette économie étoit générale dans un vaste territoire, il en résulteroit cet avantage inestimable, que le Prince & le propriétaire aisé s'abstenant de vendre lorsque l'abondance produiroit le vil prix, le débit des denrées ne seroit jamais aussi désavantageux qu'il peut l'être aujourd'hui; & que vendant lorsque la disette produiroit le haut prix, jamais celui-ci ne deviendroit aussi excessif qu'il l'est quelquefois, ni ne tourneroit au bénéfice des étrangers.

Je ne proposerai pourtant pas d'établir cette économie dans l'étendue d'un vaste territoire. Je la réserverois pour les Provinces qui sont les plus éloignées des débouchés, & où il est le plus difficile de convertir les denrées en argent, & je commencerois par l'essayer dans

dans celle de ces Provinces où la population & la culture feroient les plus languiſſantes.

Qu'on me permettre une digreſſion ſur ce nouveau plan.

Je commence par obſerver qu'il eſt devenu très-praticable depuis l'heureuſe invention des étuves, puiſqu'au moyen de cette invention, les difficultés & les riſques de la conſervation ont ceſſé.

J'établirois un étuve publique dans chaque canton, & de maniere qu'aucun contribuable à cette étuve n'en ſeroit plus éloigné que de trois ou quatre lieues; ce ſeroit pour chaque étuve un diſtrict de dix-huit ou vingt-quatre lieues de circonférence.

Chaque village du diſtrict donneroit un état de ſes moiſſons, que l'on vérifieroit. Il donneroit auſſi un plan de ſes ſoles, & on ſe procureroit l'arpentage de ſes autres terres, avec ſpécification de leurs qualités. Si le ſyſtême des trois ſoles étoit reçu dans le Pays, & qu'il y eût égalité de terres en labour, & de terres à fourrage, la contribution ſeroit d'un cinquieme des moiſſons en froment & en ſeigle, & le village s'abonneroit ſur ce pied pour dix ans.

Il feroit la répartition ſur le même pied pour cinq ans, & la renouvelleroit au bout de ce terme.

S'il y avoit plus de terres en grains qu'en autres productions, la proportion changeroit en faveur du cultivateur, depuis les deux onziemes juſqu'au dixieme. Si, au contraire, il y avoit moins de terres labourées que d'autres, la proportion changeroit au profit du Prince, depuis les trois neuviemes, deux neuviemes, juſqu'au tiers ; bien entendu qu'on auroit égard à la qualité des terres non-labourées.

La communauté raſſembleroit les contingents de grains battus & bien nettoyés avant la mi-Décembre, & les feroit tranſporter à l'étuve à ſes fraix. L'étuveur les prépareroit, & les ſerreroit dans un magaſin voiſin de l'étuve, & dont il ſeroit auſſi le gardien. Chaque étuve s'affermeroit publiquement & au rabais, mais non pour un certain prix en argent. L'étuveur ſeroit toujours payé en grains, ſoit un dixieme, ſoit un douzieme, un quinzieme, &c. des grains qu'il étuveroit & garderoit. Il ſeroit reſponſable des pertes par incendies, ou par déchet, puiſqu'elles ne pourroient arriver que par ſa négligence, ou par un mauvais étuvement.

On ſauroit exactement la quantité de grains que contiendroit chaque magaſin, & le tout ſeroit à la diſpoſition du Souverain, qui pourroit le faire tranſporter où il jugeroit à propos, ou le faire conſommer ſur les lieux par ſes troupes, ou par des ouvriers employés aux travaux publics; mais il n'en feroit vendre en détail que lorſque le prix des grains ſeroit au-deſſus du médiocre ; fixation qui ſeroit l'objet d'un réglement très-précis.

Je crois qu'au moyen d'un pareil arrangement, les revenus du Souverain recevroient une augmentation réelle & très-conſidérable ; mais un avantage certain de cette opération, ſeroit l'encouragement de l'agriculture la plus favorable à la population. Il eſt clair que les pays de vignobles ne pourroient être mis ſur ce pied, & qu'il faudroit y retenir la méthode des contributions pécuniaires. Les ſeules proviſions publiques ſeroient dans les magaſins dont je viens de parler, & il n'y entreroit que les grains qui ſervent le plus ordinairement à la nourriture des hommes.

Les malverſations ſeroient auſſi difficiles que ſeroit impoſſible la non-valeur d'une denrée auſſi précieuſe.

On ſauroit à quoi ſe monteroit l'abonnement de chaque village; on ſauroit le nombre des villages reſſortiſſants à chaque étuve; le profit de l'étuveur ſeroit déterminé; le déchet de l'étuve bien connu; le prix fixé, au-deſſous duquel il ne devroit pas ſortir un boiſſeau de grain des magaſins. Où pourroit être la mauvaiſe foi des régiſſeurs? Dans la ſurvente du bled au-delà du prix fixé? On y pourvoieroit encore, en défendant, ſous de grieves peines, aux étuveurs, de refuſer du bled à qui que ce fût, lorſqu'il parviendroit à un certain prix, & de le vendre pour une ſeule obole au-deſſus de ce prix. D'ailleurs, il y auroit des magaſins particuliers, qui ſeroient, en quelque ſorte, le contrôle de ceux du Prince, & dont l'adminiſtration ſeroit abſolument libre.

Dans le cas d'une mauvaiſe recolte, il ſeroit libre à chaque communauté de payer ſa contribution en argent, au prix fixé pour l'ouverture des magaſins publics. L'étuveur recevroit cet argent, & auroit en bénéfice le déchet de l'étuve.

On conçoit que les eſtimations devroient ſe renouveller tous les dix ans, & qu'elles devroient être faites avant l'adjudication des étuves.

J'ai déja dit qu'un pareil arrangement ſeroit favorable à l'agriculture la plus utile. J'en citerai une preuve qui mérite attention. Un Officier principal du Canton de Fribourg, dans un mémoire que j'ai ſous les yeux, dit en termes exprès : » L'expérience démontre, que plus » le payſan eſt chargé de cens en bled, & plus il ſeme » pour les payer en nature ».

La méthode que je propoſe feroit donc un moyen infaillible pour remettre en crédit la culture des grains là où elle a été abandonnée en grande partie, parce que l'impôt en argent ſe joignant aux frais de cette culture, & aux riſques du bas brix, laiſſoit trop à la charge du cultivateur, & produiſoit une double diſproportion qui ne pouvoit manquer de le ruiner.

Mais avant d'établir cette impoſition par-tout indifféremment, il faudroit faire bien des recherches qui ſont encore à faire, & ſur-tout il faudroit voir comment dans les années d'abondance, où il ne ſortiroit rien des magaſins royaux, il ſeroit fait des fonds pour les dépenſes annuelles du Gouvernement. Peut-être qu'après des obſervations continuées pendant pluſieurs années, on trouveroit qu'il n'y en auroit aucune où les magaſins publics ne fuſſent vuidés dans quelque partie d'un grand territoire, ſoit pour le ſoulagement des regnicoles, ſoit pour l'exportation à l'étranger.

Mais c'en eſt aſſez ſur un projet qui ne peut être perfectionné que d'après l'expérience & un grand nombre d'obſervations qu'on n'a point encore faites, tant a été négligé juſqu'ici tout ce qui intéreſſe le plus directement la ſubſiſtance des peuples.

C'en eſt aſſez encore pour prouver qu'en certains

cas, le Souverain peut être très-utilement, & sans inconvénient, le distributeur immédiat des denrées de premiere nécessité.

SEPTIEME QUESTION.

N'y a-t-il point de bornes aux soins que le Magistrat doit donner à l'amélioration du territoire; & s'il y en a, quelles sont-elles ?

L'enthousiasme est le fléau qui compense, chez les peuples raisonneurs & actifs, les inconvénients qu'ont ailleurs l'ignorance & la paresse. Une vérité, démontrée depuis peu, prend le dessus sur toutes les autres qui devroient être ses égales, & son despotisme devient une source d'abus aussi féconde que peut l'être l'erreur. Et qu'est-ce en effet que l'erreur dans les matieres d'administration, sinon une regle de conduite bonne en soi, & fondée en raison, mais qui n'est point modifiée comme elle devroit l'être par d'autres regles également bonnes, & que devroient fournir la connoissance exacte des rapports qu'il y a entre les différentes parties de l'administration, & celle des circonstances ou faits particuliers, qui, en changeant ou modifiant l'état des choses, rendent mauvais ce qui feroit bon dans d'autres circonstances, & en supposant d'autres faits, & bon, ce qui feroit mauvais ailleurs, ou dans un autre temps!

C'est-là ce qui, aux yeux des personnes chargées actuellement de l'administration, rend très-pitoyables

les raiſonnements & les projets des ſpéculatifs, qui travaillent ſur des abſtractions, & c'eſt-là auſſi ce qui donne ſi ſouvent de l'humeur à ces ſpéculatifs contre tout ce qui ſe fait, & contre ceux qui le font.

Les uns & les autres ont raiſon ; mais qui donc a tort ? Perſonne ; il ne faut pas que dans aucun Pays, tout ſoit auſſi-bien qu'il pourroit être, ou bien il faudroit qu'il en fût de même dans tous les Pays, d'où réſulteroit un état de perfection & de béatitude qui n'eſt pas fait pour cette terre. Il ne faut pas non plus que, dans un temps & des circonſtances données, tout ſoit auſſi régulier, auſſi parfait qu'il ſeroit poſſible, ou bien il faudroit enrayer la roue de la fortune. Si elle continue à tourner & à changer les circonſtances avec le temps de la parfaite régularité qui aura été établie, il réſultera une diſette entiere de moyens pour changer le ſyſtême à proportion du changement arrivé dans les circonſtances. La guerre ſouffre de la paix qui l'a précédée, & qui doit la ſuivre, parce que tout n'eſt pas monté pour faire la guerre auſſi avantageuſement qu'il ſeroit poſſible. La paix ſouffre à ſon tour de la guerre paſſée & future, parce qu'il reſte de la premiere, & qu'il faut garder pour l'autre bien des choſes qui diminuent les avantages que la paix devroit produire.

Il en eſt de même dans tous les rapports des temps & des choſes, & jamais rien ne pourra ni ne devra être parfaitement régulier, tant que les hommes ſeront hommes, & que cette terre ſera ce qu'elle eſt.

En concluronsnous qu'il ne faut pas tendre à toute

l'amélioration possible? Nullement; mais que toute l'amélioration possible n'est pas la perfection, & que vouloir obtenir la perfection dans un point, c'est aller au-delà de l'amélioration possible, & produire, par conséquent, la détérioration dans d'autres points.

C'est-là ce que ne conçoit pas l'enthousiaste, parce qu'il ne se passionne que pour un objet, & néglige tous les autres. Il voit toute la prospérité publique dans cet objet unique, & écarte les autres intérêts de la société, ou en les méconnoissant, ou en les dénaturant.

Si vous écoutez quelques Agromanes, ils vous persuaderont qu'un Etat est une grande famille, dont le chef a l'inspection générale de tous les biens & de toutes les personnes, avec le droit de faire sa part à chaque individu, & de lui prescrire le genre de travail le plus utile à toute la famille.

Ainsi, dans ce systême, qui a pour but de donner à un territoire la plus grande valeur possible, on ne tient aucun compte, ni de la liberté, ni de la propriété. Mais comme celle-ci fait mouvoir les bras, & que celle-là les fortifie, un systême aussi beau feroit de tous les citoyens autant de statues de pierre, & la terre ne deviendroit elle-même qu'un rocher, sous les pieds appesantis de pareils cultivateurs.

Je ne dis pas qu'aucun Agromane ait établi, en termes exprès, un systême aussi complet, & aussi absurde dans sa perfection. Mais combien de spéculations très-scientifiques nous conduiroient à cette absurdité, si, après les avoir adoptées, nous voulions être conséquents!

Une loi agraire, qui morceleroit les grands héritages, feroit, fans doute, un grand coup frappé en faveur de l'agriculture. Mais il faudroit affurer fon exécution, en faifant d'autres loix pour empécher les collatéraux de fuccéder aux branches éteintes, & pour interdire aux cultivateurs toute inégalité d'induftrie & de bonheur, & toute ambition d'acquérir.

Des loix qui fixeroient la culture la plus convenable à chaque arpent de terre, feroient encore un merveilleux moyen de porter l'agriculture à fa perfection. Mais qui feroit ces loix? Et quand elles feroient faites, comment obéiroit-on à la néceffité de les changer? Si elles devoient être invariables, il faudroit donc ordonner à la terre de produire toujours les mêmes chofes dans une abondance & une qualité égales; il faudroit défendre à la population de s'accroître & de diminuer; il faudroit fixer immuablement la confommation des citoyens & des étrangers; enchaîner enfin la variabilité de toutes les chofes humaines & phyfiques.

Difons donc que les non-valeurs font néceffaires ou inévitables dans toute économie, comme l'eft le vuide dans le fyftême de l'univers; & en confidération de cette néceffité fatale, confentons que la liberté & la propriété foient des bornes facrées, que ne puiffe jamais franchir le Magiftrat fuprême dans les foins qu'il donnera à l'amélioration du territoire foumis à fon infpection.

Il ne faut ni exiger que tous les hommes foient

actifs & utiles, ni vouloir impérieusement que toutes les terres soient en plein rapport.

Tous les degrés d'activités, depuis celui qui épuise & détruit, jusqu'à celui qu'on appelle déja paresse ou indolence, doivent se trouver, & sont utiles dans une grande société; mais de plus, il est inévitable qu'il y ait de l'inaction, ou une moindre action, soit à raison de la seule diversité de caracteres & de circonstances, si le Souverain ne violente pas les individus, soit à raison du découragement & du désespoir des citoyens, s'ils voyent que la nécessité du travail leur est imposée par la volonté d'un homme.

Celui même qui, de plein gré, excede ses forces, & est content, sent, avec plaisir, qu'il seroit en son pouvoir de ne rien faire, ou de faire moins, & se propose de se reposer un jour. Car, encore une fois, l'homme est un animal paresseux. Otez la liberté du choix, ou l'espérance pour l'avenir, & il n'y aura plus d'activité spontanée. Les hommes se remueront, parce que vous le voudrez; mais ils n'agiront pas, ou ce qu'ils feront sera peu de chose.

Mais dès que l'activité ne peut être commandée, il y a des bornes nécessaires à l'amélioration du territoire, que peuvent procurer les soins du Souverain. Il doit tout faire par de sages réglements, qui levent les obstacles, que des réglements peuvent lever, & par des encouragements, qui fassent surmonter les autres; mais qu'il n'espere pas un succès complet. Quand il parviendroit à la perfection, ce ne seroit que pour un instant;

& le plaisir d'y parvenir, pour décheoir aussi-tôt après ; ne vaut pas ce qu'il lui coûteroit, si, pour l'obtenir, il étoit obligé de dénaturer les mœurs nationales, ou d'altérer la constitution de son Etat.

Ces considérations me ramenent à la modification du premier devoir des Souverains, ou à ce que j'ai appellé leur second devoir relativement à la subsistance des peuples.

CHAPITRE XV.

Que le Souverain ne doit pas favoriſer la meilleure culture poſſible, mais celle qui, étant la plus compatible avec l'état de ſociété, eſt en même-temps la meilleure que cet Etat puiſſe comporter.

LE ſouverain Magiſtrat, ai-je dit, eſt obligé de faire tout ce qui dépend de lui pour aſſurer la ſubſiſtance de ſes ſujets en général, & pour qu'ils l'ayent dans la proportion qu'exige l'état de ſociété. Cette clauſe n'eſt point une extenſion du premier devoir dont je me ſuis occupé juſqu'ici; c'en eſt une reſtriction, laquelle devient l'objet d'un ſecond devoir que j'ai exprimé ainſi: L'intérêt & le devoir du Souverain exigent qu'il rempliſſe le premier objet, ſans déranger la proportion que requiert l'état de ſociété.

Il eſt, ſans doute, bién prouvé, puiſque je trouve cette aſſertion dans beaucoup d'excellents Traités, que plus la terre eſt partagée, ou plus il y a de propriétaires, mieux elle eſt cultivée, & plus elle produit. Je n'objecterai point que la diverſité phyſique des terroirs, & la néceſſité d'une grande variété de productions, peuvent motiver des exceptions à cette regle. Cette objection m'obligeroit à des diſcuſſions d'économie, dans leſquelles je ne dois point m'engager. J'admets donc cette maxime comme démontrée; mais je n'en conclus pas qu'il y ait un ſeul Souverain qui doive favoriſer la plus grande diviſion poſſible de ſon territoire.

Suppoſons cette diviſion faite avec une exactitude mathématique, & conſidérons-la dans ſes effets.

Chaque homme eſt propriétaire d'autant de terre qu'il en peut cultiver de la maniere la plus avantageuſe, & qu'il lui en faut pour vivre avec ſa famille.

Or, la culture la plus avantageuſe eſt, ſans contredit, celle qui ſe fait toute entiere à bras d'homme.

Chaque propriétaire a donc très-peu de terre ; & quand il a vécu de ſon produit pendant une année, il ne lui reſte rien, ou preſque rien, que la néceſſité de recommencer les mêmes travaux pour vivre encore avec la même parcimonie.

De cette maniere, il n'eſt pas douteux que la culture ne fût auſſi parfaite qu'il eſt poſſible, & qu'un territoire ne fût auſſi peuplé qu'il pourroit l'être; mais qu'arriveroit-il ?

En premier lieu, nous verrions arriver par-tout ce qui arrive en partie dans les Pays de vignobles, où la culture approche le plus de la perfection. Beaucoup de travail, peu de profit en ſuperflu, miſere affreuſe & générale au moindre accident qui dérangeroit ce plan trop exactement compaſſé. Les inſectes, les débordements, le feu, les météores, attaqueroient le néceſſaire étroit de cette foule d'hommes, & toute diminution dans la récolte en feroit mourir de faim une partie. Car nul citoyen ne pourroit en aider un autre; ou ſi quelqu'un plus favoriſé de la nature, avoit quelque ſuperflu, il faudroit qu'il le donnât par charité, ou le prêtât sans intérêt, pour n'en avoir la restitution que lorsqu'il se trouveroit avec son obligé dans le cas contraire au premier. Car nul homme n'auroit assez pour s'obliger à une redevance annuelle.

Tel fut peut-être en grande partie le motif de la loi qui, chez les juifs, proscrivit le prêt à intérêt.

Il devoit être taxé d'inhumanité chez un peuple qui partageoit également, entre beaucoup d'individus, & en très-petites portions, un territoire peu étendu.

Si l'on ne m'a pas trompé, il y a un Pays en Europe où l'agriculture est parvenue à une si grande perfection, & où tout est, pour ainsi dire, si serré, que toute négligence, tout malheur causent la ruine d'un cultivateur; & que c'est faire une grande amélioration, que de planter en une année une centaine de saules.

C'est l'image du territoire que nous supposons avoir été mis sur le pied le plus avantageux à la culture & à la population.

En second lieu, nul propriétaire n'auroit un superflu qui méritât ce nom, puisqu'il devroit garder l'abondance d'une année pour suppléer à la disette d'une autre. Conséquemment nulle contribution fixe pour le service du public; nul revenu sur lequel on pût compter : d'où naîtroit l'impossibilité d'entretenir sur le superflu national un corps d'hommes oisifs & mobiles, qui fût toujours prêt à défendre le territoire, & qui, dans l'intérieur, maintînt la paix & le bon ordre.

En troisieme lieu, il n'y auroit gueres plus de superflu de temps que de biens. Tout homme devroit ou travailler toujours, ou être toujours prêt à travailler.

Aucun ne pourroit perdre de vue ſon petit domaine. Les citoyens n'auroient donc aucun loiſir fixe & déterminé, qu'ils puſſent donner à la ſociété. Ainſi la nation ne pourroit rien en corps pour elle-même, & ſeroit hors d'état de payer des défenſeurs & des inſpecteurs mercenaires.

En quatrieme lieu, nul ménage ne pourroit ſe partager en deux, & toute ſucceſſion mutuelle devroit être abolie, hors le cas où il y auroit un homme tout prêt à remplacer un autre homme. La fécondité des femmes ſeroit un fléau public, & leur ſtérilité détruiroit l'économie établie, à moins que toute poſſeſſion ne fût viagere; en ſorte qu'un ménage venant à ſe diſſoudre, le Souverain fût en droit d'envoyer à ſa place un autre ménage, qui ſe formeroit à l'inſtant, y eût-il deux cents lieues de diſtance entre la poſſeſſion vacante, & le lieu où ſeroit né celui qui devroit la remplir.

Il en ſeroit des terres comme des emplois; mais avec cette différence, qu'au-deſſous de l'emploi, il y a quelque choſe; & qu'au-deſſous de la poſſeſſion d'une parcelle de terre, il n'y auroit que le foyer étroit du pere de famille, ou le néant: & cependant combien d'inconvénients ne produit pas la deſtination d'un trop grand nombre de familles à ne vivre que des emplois, & la néceſſité où ſont trop de gens de n'avoir point de ménage, juſqu'à ce qu'ils puiſſent en fonder un ſur les émoluments d'un emploi?

Ce déſordre eſt le fléau d'un grand Pays, où les hommes *vacants*, ainſi qu'on les appelle, ſont des mendiants, & où leur nombre paſſe peut-être de beaucoup celui des places auxquelles ils se sont destinés.

Je viens d'étendre & d'expliquer ce que j'avois déja dit, que des hommes, réduits à gagner l'étroit nécessaire par un travail assidu, sont à peine des hommes sociables.

L'état de société ne comporte, ni cette précision, ni cette gêne; &, dans toute économie publique, on doit imiter la sage prodigalité de la nature, qui n'a mesuré exactement, ni aux arbres leurs feuilles, ni aux plantes leurs sucs nourriciers, ni à la terre son arrosement, ni aux montagnes les rochers qui les soutiennent, ni à la mer la hauteur des rivages qui la contiennent, ni à l'homme rien de ce qui est nécessaire à sa conservation & à sa réproduction, ni à toutes les especes d'animaux leurs forces, ni leurs ressources.

J'ai supposé ce qui, sans doute, n'existera jamais, & ce que n'a desiré sincérement aucun de ceux qui ont écrit en faveur de la division des domaines; mais j'ai dû poser cette hypothese, pour faire voir que les meilleurs principes & les plus sages maximes conduisent à des absurdités, quand on n'en rapproche pas d'autres principes & d'autres maximes par lesquels les premiers doivent être modifiés.

Rapprochons de la maxime que j'ai accordée aux partisans des loix agraires, cette autre maxime également vraie, qu'il n'y a d'aisance dans un Etat, & par conséquent de force nationale, qu'autant qu'est grande la masse du produit net, dont une partie doit servir aux dépenses communes, & l'autre à la subsistance des véritables citoyens; rapprochons, dis-je, ces deux maximes, &

de leur combinaiſon nous verrons découler les regles les plus ſages de l'économie publique. Nous ne diſons point : Il faut que la terre produiſe tout ce qu'elle peut phyſiquement produire ; nous ne dirons pas non plus, il faut que la population ſoit auſſi grande qu'il eſt poſſible ; car nous ſentons déja que l'une & l'autre de ces regles ſapperoient les fondements eſſentiels de toute ſociété.

Mais nous dirons : Il faut que la terre produiſe autant qu'il eſt poſſible ; qu'elle produiſe à la faveur d'une culture qui, outre la ſubſiſtance du cultivateur, fourniſſe celle du propriétaire oiſif, & encore un ſuperflu que le cultivateur même, ou le propriétaire, puiſſe céder à la ſociété pour ſes dépenſes communes.

Toute culture n'eſt pas bonne à proportion de ce qu'elle fait produire à la terre, mais à proportion de ce produit, de la balance qu'il doit y avoir entre les différents produits, du moindre travail, & des moindres fraix qu'elle exige, de l'aiſance qui reſte au cultivateur, & du bénéfice net qui revient au propriétaire, tant pour lui que pour la ſociété.

Cette maxime fournit la matiere de pluſieurs combinaiſons beaucoup plus faciles qu'elles ne le paroiſſent ; puiſque l'argent, étant la meſure commune du temps, du travail & du produit, il ne reſte à balancer que l'intérêt du propriétaire, celui de l'humanité, eu égard à la population, & celui de l'Etat, relativement auſſi à la population, & au plus grand produit net.

Mais quand nous examinerons la choſe de plus près, nous trouverons encore que tous les intérêts ſe trouvent

vent réunis pour solliciter l'augmentation des facilités qui rendront la culture plus parfaite & moins pénible.

Que l'intérêt du propriétaire est aussi d'accord avec celui d'humanité & de l'Etat, pour conseiller les cultures les moins lucratives, dès quelles le sont assez pour donner un produit net au propriétaire, compensation faite des bonnes & des mauvaises années.

Que cependant la réunion des mêmes intérêts exige qu'on n'entreprenne ces cultures que lorsqu'il restera des bras que ne pourront occuper les cultures les plus avantageuses.

Que ce seroit exiger l'impossible, que de prescrire aux propriétaires des cultures qui leur tourneroient à perte, & que ce seroit en même-temps mal servir la société, puisqu'on diminueroit son vrai domaine, qui est l'aisance des propriétaires; que même ce ne seroit pas servir l'humanité, puisqu'elle sollicite la plus grande proportion possible entre le nombre des aisés & celui des mal aisés; d'ou l'on doit conclure qu'il est peu humain de diminuer le nombre des heureux pour augmenter celui des malheureux.

J'en ai déja assez dit sur cette matiere, pour pouvoir supprimer ici la preuve & le développement des maximes que je viens d'établir. On va en retrouver une partie dans le Chapitre suivant.

CHAPITRE XVI.

Qu'un Souverain ne doit pas favoriser l'accroissement de la masse des subsistances au préjudice de la masse de l'aisance, & sans égard à ce qu'exige d'inégalité dans les fortunes, la forme du Gouvernement. Regles particulieres pour chaque Gouvernement.

LE troisieme devoir du Prince est de régler sur la forme du Gouvernement dont il est le chef, les mesures qu'il prendra pour assurer la subsistance de tous ses sujets. Car, ainsi que je l'ai dit, il doit y avoir une proportion entre les moyens de subsistance : & cette proportion ne doit pas seulement être compatible avec l'état de société ; elle doit encore varier suivant les différentes formes du Gouvernement.

Où l'égalité légale est la base du Gouvernement, il doit y avoir des esclaves, ou des habitants non citoyens ; car l'égalité est illusoire & impossible, où l'un travaille pour l'autre, par la nécessité de subsister d'un salaire. Si tous les sujets sont libres & citoyens, ou l'égalité n'est pas la base du Gouvernement, ou elle ne l'est que de nom, où chacun travaillant pour soi, & vivant de son travail, à peine il existe une société ; il n'y a point de Gouvernement, ou il est sans vigueur au-dedans, & sans force au-dehors.

C'eſt donc très-mal-à-propos que, depuis l'abolition de la ſervitude, on cherche encore l'égalité que vantoient ſi fort les anciens, dès que l'on confond la qualité de ſujet avec le titre de citoyen. Dans l'une & l'autre ſuppoſition, l'égalité eſt impoſſible, ou ne peut ſe trouver que chez les Sauvages.

Mais en retranchant cette prétention outrée d'une égalité impoſſible, on trouve ce qui en approche le plus dans les Républiques, & c'eſt-là auſſi que les fortunes doivent s'éloigner le moins de l'égalité. C'eſt-là qu'il y auroit beaucoup d'inconvénient à en ſouffrir de trop grandes, & que toutes peuvent être réduites par les ſubdiviſions à la plus grande médiocriré, ſans que l'Etat en ſouffre. Cependant cette médiocrité doit auſſi avoir des bornes; car il doit reſter une maſſe d'aiſance. Mais elle doit être aſſez partagée pour que nul citoyen ne puiſſe trop, & auſſi pour que les aiſés ſoient dans un nombre proportionné à celui des mal-aiſés. Il vaut donc mieux que chaque aiſé le ſoit moins, & qu'il y en ait un plus grand nombre. Delà l'utliité du partage des domaines en un grand nombre de parties médiocres; utilité qui ſe multiplie par le plus grand produit des domaines ſous la direction plus attentive d'un plus grand nombre de maîtres.

C'eſt donc dans les Républiques que l'état de ſociété permet la plus grande ſubdiviſion des biens; mais il ne la permet pas également dans toutes ſortes de Républiques.

La démocratie ne veut que de l'aiſance dans les citoyens; mais autant & peut-être plus que le deſpotiſme;

elle peut souffrir des richesses très-grandes dans quelques-uns, parce que la multitude est toujours la plus forte contre les individus, quelle que soit leur opulence. Cependant l'accumulation des biens est sans utilité, & n'est pas sans danger dans ce Gouvernement, & elle doit d'autant moins être favorisée, qu'étant inutile, elle a ses désavantages naturels à un plus haut point dans un petit territoire que dans un grand. La division doit donc y être favorisée, jusqu'au point où elle ne laisse aux citoyens qu'autant d'aisance qu'il leur en faut pour être vraiment sociables.

Dans l'aristocratie, les grandes fortunes sont plus dangereuses que dans la démocratie, parce que, dans les grands, elles seroient jointes à d'autres avantages, qui, de chacun d'eux, pourroient faire un chef du peuple révolté contre le pouvoir de plusieurs, & que, dans le peuple, elles pourroient produire l'impatience d'un joug que tiendroient sur des têtes trop hautes & trop fortes des hommes trop petits & trop foibles. L'opulence a sa fierté autant & plus que la naissance & le pouvoir, & un sujet convient mal à des maîtres moins riches que lui.

Mais ici les proportions ne sont pas les mêmes que dans la démocratie. L'aisance est nécessaire dans la classe du peuple, & rien au-delà n'y doit être favorisé. Une plus grande aisance est nécessaire dans l'ordre des grands, & la subdivision doit y avoir des bornes plus étroites que dans la classe inférieure. Qu'il résulte des non-valeurs de la plus grande masse de biens dans chaque famille, c'est un inconvénient, non de la chose même, puiſqu'un homme ſuffit à un domaine aſſez grand, mais de la diverſité des caracteres ; & cet inconvénient ne doit point entrer en comparaiſon avec l'intérêt du Gouvernement, qui ſollicite l'indiviſion des fortunes, autant qu'elle eſt néceſſaire pour ſoutenir les grands au-deſſus du peuple. C'eſt-là la baſe de l'ariſtocratie, puiſque nul homme n'eſt grand que par un avantage ſemblable à celui qui rendit Pharaon propriétaire de tout ſon territoire. Celui qui nourrit d'autres hommes eſt par-là même le ſupérieur de ceux qu'il nourrit, & de tous ceux qui appartiennent à la même claſſe. Les Athéniens le ſavoient bien ; auſſi vouloient-ils que les riches épuiſaſſent cette ſupériorité par l'excès de leur dépenſe ; & s'ils ne le faiſoient pas, ils les ruinoient par des amendes. Si ce moyen étoit trop lent ou inſuffiſant, l'oſtraciſme les vengeoit d'une ſupériorité trop bien établie, ou trop durable.

Ce ſeroit donc la plus folle des loix, que celle qui, dans une ariſtocratie, favoriſeroit ſans diſtinction la diviſion illimitée des fortunes.

La Monarchie eſt la ſeule forme du Gouvernement ſous laquelle on n'ait rien à craindre de la grandeur des fortunes particulieres & privées, parce qu'au-deſſus du citoyen, le plus opulent eſt toujours le Monarque, dans les mains duquel afflue la maſſe infiniment plus grande de l'aiſance nationale.

Mais remarquez que j'ai dit, *les fortunes particulieres & privées*, pour exclure celles qui ſeroient publiques, comme l'eſt la fortune du Monarque, ſi je puis m'exprimer ainſi. Car, dans le ſujet d'un Monarque, ce ne ſeroit pas une fortune privée que l'opulence, à laquelle se joindroit l'aisance d'un grand nombre d'arriere-sujets. Cette aisance, qui est le domaine public, ne doit ressortir qu'au chef de la société ; & s'il est quelque part des sujets qui disposent de cette aisance, ils ne sont plus simplement sujets ; ils sont Monarques sous un autre Monarque, & la grandeur de leur fortune peut être aussi dangereuse que le seroit dans une aristocratie l'opulence excessive d'un grand, ou d'un citoyen subalterne. Tel fut le vice du Gouvernement féodal, qu'on maudit dans un Pays, parce qu'il y est détruit, qu'on bénit dans un autre, parce qu'il y a pris le dessus sur la Monarchie.

C'est ainsi que l'on encense les Rois & les Tyrans, tant que dure leur puissance, & qu'on les déchire, lorsqu'ils ne sont plus. Rome révéra Numa, & abhorra toujours la Royauté qu'elle avoit bannie en haine du seul Tarquin.

Mais écartons cette distinction entre les fortunes publiques des citoyens qui participent à la souveraineté, & les fortunes privées sur lesquelles repose sans trouble la véritable Monarchie. Cette distinction n'a plus lieu, puisqu'où existent les premieres, la loi consacre leurs droits émules de la souveraineté parfaite, & qu'où elles n'existent pas, la loi s'oppose à leur établissement. Je ne parle donc ici que des fortunes particulieres & privées, & je répete que, sous un Monarque, leur grandeur n'est pas dangereuse, comme elle l'est dans tous les autres Gouvernements.

La raison de cette différence est bien simple. Dans

l'ariſtocratie, aucun Grand n'a dans ſa main la maſſe de l'aiſance publique. Elle eſt plus ou moins dans la main de tous les Grands. Mais la main la plus forte, ſi elle l'eſt ſans proportion, peut la ſaiſir toute entiere.

Dans la Démocratie, l'aiſance publique eſt encore moins dirigée vers un centre unique, ou ſoit le lieu qui en uniſſe toutes les parties, & qu'une ſeule main puiſſe tenir. Chaque citoyen diſpoſe de la ſienne; & celui qui ſeroit aſſez riche pour s'attacher beaucoup de citoyens, ſe les attacheroit avec leur aiſance. Il deviendroit Monarque, & oppoſeroit des forces unies à des forces éparſes.

Sous un Deſpote, il n'y a point de propriété, & conſéquemment point d'aiſance. Ainſi le Deſpote tient tout & ne tient rien. Il faut pourtant qu'il laiſſe beaucoup à ſes ſujets; mais il peut ne rien laiſſer à chacun d'eux.

Aucun d'eux ne peut donc lui rien donner; car il prend où il peut, & quand il veut. La loi ne conſacre point la deſtination des différentes portions de biens, des unes au néceſſaire des citoyens, des autres à leur aiſance, du ſurplus au ſervice public, parce que, dans un pareil Etat, il n'y a point des loix, ou que, s'il y en a, on ne les connoît que ſous le maſque de la force.

La puiſſance du Deſpote eſt donc fondée toute entiere ſur la faculté qu'il a de ſoudoyer, & ſur l'habitude de craindre que ſes eſclaves ont contractée. Cela poſé, quiconque ſera aſſez riche pour ſoudoyer, aſſez hardi pour le faire, aſſez habile pour diſſiper une crainte par une autre, ou pour y ſubſtituer l'amour & l'eſpérance; quiconque, dis-je, ſera parvenu à ce point, ſera un rival dangereux pour le Deſpote. Il aura dans ſa main l'aiſance des ſujets dont il ſe ſera rendu le protecteur; ou s'il ne ſe fait ſuivre que par des malheureux, il aura pour lui toutes les facultés des ſujets qui n'auront point de défenſeur contre lui. S'il n'abuſe pas de ſon pouvoir, & qu'il promette liberté & propriété, il fera un traité que n'avoit point fait le Deſpote, & dont les clauſes ſeront ſon titre pour diſpoſer d'une maſſe d'aiſance, à condition de ne toucher, ni à la liberté, ni à la propriété. Le grand inconvénient du deſpotiſme eſt donc qu'il laiſſe un traité avantageux à faire entre ſes eſclaves, & le libérateur qui s'offrira à eux. Sa fobleſſe eſt dans l'excès de ſon pouvoir, qui ne peut ſubſiſter que par l'égalité entre les opprimés.

Dans la Monarchie, au contraire, il n'y a point la matiere d'un traité avantageux entre les ſujets & un nouveau chef, qui voudroit ſupplanter le premier.

Permettra-t-il la propriété & la liberté? C'eſt de quoi jouiſſent déja les citoyens d'une Monarchie. Promettra-t-il de les laiſſer jouir de toute leur aiſance? On ne le croiroit pas, puiſque les beſoins publics réclament, dans tout état, l'aiſance des citoyens, comme ſolde du patriotiſme, & leur ſuperflu, comme domaine public.

Offrira-t-il le partage des terres & des biens, ou la ſubſtitution des pauvres aux riches dans la jouiſſance du produit net? Il armera contre lui tous les aiſés, qui moralement doivent être les plus forts, & n'armera pas pour lui tous les pauvres, dont la plupart regarderont comme impossible la révolution qui les éleveroit au rang de leurs Seigneurs, & abaisseroit ceux-ci au rang de simples cultivateurs.

L'espérance d'une pareille révolution ne pourra être que pour un petit nombre, & n'entrera jamais que dans les cœurs de quelques forcenés, assez nombreux pour bouleverser une Ville, trop foible pour ébranler une Monarchie.

Il est donc vrai, & il le sera toujours, que, sous un Gouvernement monarchique, nulle fortune particuliere, quelque grande qu'elle soit, ne peut mettre la constitution en péril.

Ainsi la politique, qui veille pour la durée & la solidité du Gouvernement, peut voir avec indifférence l'accroissement des fortunes par l'accumulation des richesses dans les familles.

Pour la population en général, il n'y a en ceci d'inconvénient, qu'autant qu'il y a de différence, pour le produit réel, entre la régie du propriétaire & celle du fermier, &, si les fermes sont très-vastes, autant que la culture d'un domaine médiocre doit être supérieure à celle d'un grand domaine.

Supprimez ces différences, & il n'y en aura plus pour la population entre les territoires où il y a de grands domaines unis, & celui où il n'y en a point. Car enfin, tout ce que produit la terre se consomme; & si l'on veut parler des signes, tout ce que reçoit un riche propriétaire, il le dépense, ou une douzaine de moindres propriétaires ne le dépenseroient non plus avec le même caractere. Or, les différences que nous venons de remarquer, la législation peut les réduire à rien, par des réglements qui n'affecteront, ni la liberté, ni la propriété.

Les longs baux, qui ne pourront être résiliés qu'au bout d'un certain temps, & à condition que le propriétaire lui-même fasse valoir pour son compte & à ses risques pendant le reste du bail ; les longs baux, dis-je, égaleront au moins l'industrie du fermier à celle du propriétaire.

Une proportion un peu différente dans les impositions pour les grandes fermes & pour les médiocres, au désavantage des premieres, opérera insensiblement la division des métairies.

Reste l'intérêt que peut avoir la société à ce que l(luxe qui naît des richesses, ne dénature pas ses den rées pour les convertir en superfluités ; reste encore l'in térêt qu'elle peut avoir à compter quatre ou cinq ci toyens aisés, au-lieu d'un seul citoyen opulent.

Ce sont deux intérêts très-réels, & que, jusqu'à u certain degré, il est impossible de méconnoître. Mais u intérêt du Gouvernement monarchique, qui peut con trebalancer ceux-là, si l'excès ne produit pas le désor dre, c'est que la liberté civile dédommage les sujets d la liberté politique, dont ils ne jouissent pas.

Un autre intérêt de la Monarchie est, qu'il y ait u ordre intermédiaire entre le trône & le peuple ; que l'a sance abonde dans cet ordre, & qu'on y trouve au la richesse, afin que, sinon les individus, du moins l'o dre réunisse tous les motifs de considération qui fo impression sur le peuple, & captivent son respect.

Ces deux intérêts contrebalancent les deux autres avec tant d'avantage, qu'en mettant à part l'excès qui feroit un abus, il reste décidé que l'inégalité des fortunes est nécessaire à une Monarchie, & que ce feroit en connoître mal la nature, que de vouloir établir, dans un grand Empire, cette économie détaillée & minucieuse, qui, pour tirer parti de tout, sacrifieroit les mœurs nationales & l'esprit de la constitution à une régularité mesquine, & aux petits profits d'une culture, qui ne sera jamais parfaite dans un grand territoire, & qui même ne pourroit l'être sans les plus grands inconvénients.

Nous ne sommes pas des Chinois, & l'infanticide nous fait horreur. Des colonies feroient une ressource. Mais, avant qu'elle devienne nécessaire, ou qu'elle soit épuisée, ne songeons point à faire des loix, sur-tout laissons à une grand machine plus d'aisance dans ses mouvements que n'en doit avoir une piece d'horlogerie. C'est sur la forme de l'administration qu'il faut travailler pour la rendre aussi peu défavorable qu'il est possible au vœu de la nature, & aussi favorable à l'industrie qu'elle peut l'être. Quand nous y aurons réussi, quelques siecles suffiront à peine pour le développement des effets que devront produire des causes générales, & il sera temps pour lors de penser à ce qu'il restera à faire.

Mais s'en occuper dès à présent comme d'objets pressants, c'est, par des mesures prématurées, gâter ce qu'on a de bon, pour lever un obstacle éloigné à une perfection dont on n'approchera peut-être jamais.

Les baux à long terme peuvent être utiles; j'en suis déja convenu. Mais pour qu'ils le soient, il ne suffit pas d'ôter au fermier la crainte d'être haussé ou de perdre sa ferme; il faut avant tout lui ôter la crainte d'une imposition arbitraire; il faut lui donner l'aisance, sans laquelle on n'améliore pas. Voilà ce que le législateur doit faire avant tout, parce que lui seul le peut faire. Quant aux améliorations, c'est le propriétaire qu'elles regardent. On peut s'en rapporter à lui. Mais du moins ne vous mêlez pas des affaires d'autrui, avant d'avoir fait les vôtres. Quand vous les aurez faites, voyez ce qui en arrivera, & vous jugerez beaucoup mieux s'il est utile ou non que vous alliez plus loin.

Je cite cet exemple, comme celui qui m'est le moins avantageux. Si j'avois à combattre le projet déja suggéré de la division des terres, je le ferois avec bien plus d'avantage, puisqu'il attaque l'esprit de la constitution monarchique, & ne porte que sur une spéculation, dont le cas est encore éloigné de quelques siecles, si même il doit jamais exister.

Mais en parlant d'autres principes, je pense qu'il doit y avoir des bornes au nombre des grandes terres indivisibles, & que de sages loix doivent contrarier la réunion durable de plusieurs terres dans la main d'un seul citoyen.

Ces principes font que l'ordre des propriétaires doit être nombreux, & qu'un citoyen très-riche est rarement plus utile qu'un citoyen aisé, ou médiocrement riche. Or un trop grand nombre de très-grandes terres, tourne à la diminution de celui des terres médiocres; & la réunion de plusieurs terres réduit aux services d'un individu, les services de plusieurs citoyens dont chacun seroit riche avec un ſeul domaine. Ajoutez que, dans le cas ſuppoſé, c'eſt en pure perte pour l'Etat que l'inſpection mercenaire eſt ſubſtituée néceſſairement aux ſoins du propriétaire; que c'eſt en pure perte pour l'ordre que les économes mercenaires s'enrichiſſent aux dépens du grand terrier; & que ce n'eſt pas ſans préjudice pour l'Etat que le grand terrier qui ne peut demeurer que dans une terre, & qui ſouvent n'en habite aucune, épuiſe pluſieurs Pays par les contributions qu'il en tire, & empêcheroit le ſouverain Magiſtrat d'établir une juſte balance entre les Provinces, ſi c'étoit jamais un objet de ſes ſoins paternels.

Dans l'hypotheſe par laquelle j'ai expliqué mes maximes, & prouvé la poſſibilité de leur application, j'ai donné le projet de quelques loix, au moyen deſquelles j'ai cru que pourroient être établies à tous ces égards les proportions les plus convenables à une grande Monarchie.

Mais les maximes que j'ai eues en vue, ſont indépendantes de cette hypotheſe, & il eſt de la plus grande vérité, que, ſans nobleſſe, point de véritable monarchie, & que, ſans terres aſſorties à la ſupériorité & à l'eſprit de cet ordre, point de véritable Nobleſſe.

N'en concluons pourtant pas qu'il n'y ait de vraies Monarchies que celles qui ſont ariſtocratiques de droit. Il ſuffit qu'elles le ſoient de fait. Je m'explique, & je prie mes Lecteurs de faire une attention particuliere à ce que je vais dire.

Quand on parle de la Nobleſſe, la plupart des Politiques ſe rappellent de vieux contes qu'ils ont lus ſur le Gourvernement féodal, & ſur le brillant & trop fameux miniſtere d'un Prêtre, que ſon intérêt arma contre les Grands, & à qui on fait l'honneur d'attribuer une révolution.

Dès-lors il leur vient dans l'eſprit une foule de belles maximes ſur les dangers dont le pouvoir de la Nobleſſe menace la Royauté, ſur l'importance dont il eſt de la tenir dans l'abaiſſement, ſur la ſage politique qui l'attira à la Cour, où elle ne vint en foule que pour y prendre ſes richeſſes & ſon crédit.

Ces profonds raiſonneurs, qui croyent fermement que la Nobleſſe de tous les temps eſt la même, ne doutent point que celle d'aujourd'hui ne devînt auſſi dangereuſe que le fut celle d'autrefois, ſi on ceſſoit un moment de l'enivrer, & de la ruiner. Par la plus légere négligence à ſuivre le ſyſtême du Prêtre Miniſtre, ils voyent renaître de ſes cendres cette redoutable ariſtocratie, qui effaca, ou peu s'en fallut, la foible Royauté. Ils ne voyent que révoltes d'un côté, & oppreſſion de l'autre.

Mais arrêtons ces hardis raiſonneurs par une ſeule queſtion.

Savez-vous ce que c'étoit que cette Nobleſſe, qui, par ſa puiſſance, devint la rivale des Rois?

Ils répondent qu'ils le ſavent; que c'étoit le corps des Nobles conjuré contre la Royauté.

L'AUTEUR.

Ajoutez au corps des Nobles celui des Evêques & des Abbés; car le Clergé ne fut pas le dernier à frapper les Rois.

LE POLITIQUE.

D'accord. Mais que fait ceci à la question que nous traitons ?

L'AUTEUR.

Comment imaginez-vous que les Prélats des deux ordres ayent pu outrager la Royauté, tandis qu'aujourd'hui ils sont hors d'état de le faire, quoiqu'ils soient aussi nombreux, & ayent assez bien conservé leurs possessions ?

LE POLITIQUE.

C'est qu'il régnoit alors un esprit de superstition, qui donnoit un crédit immense à cet ordre.

L'AUTEUR.

Fort bien. Mais il n'étoit pas non plus dépourvu de forces temporelles. Comment a-t-il perdu ces dernieres ?

LE POLITIQUE.

Par la diminution de ses biens.

L'AUTEUR.

Je croyois avoir prévenu cette réponse, en disant que les biens du Clergé n'ont pas souffert une diminution considérable.

LE POLITIQUE.

Je vous dis, moi, qu'ils sont considérablement diminués.

L'AUTEUR.

A la bonne heure. Mais concevez-vous qu'une riche Abbaye soit aujourd'hui plus puissante qu'un pauvre Prieuré.

LE POLITIQUE.

Je ne le crois pas. D'où je conclus que ce ne fut pas simplement par leur opulence que les Prélats se rendirent redoutables aux Rois ?

L'AUTEUR.

Il étoit donc inutile d'affirmer la diminution de cette opulence, & vous deviez plutôt chercher les causes de leur ancienne puissance dans la maniere dont ils possédoient leurs biens.

LE POLITIQUE.

Comment les possédoient-ils ?

L'AUTEUR.

A peu près comme les Rois possedent aujourd'hui leurs Royaumes ; c'est-à-dire, qu'ils possédoient biens & sujets, avec une autorité presqu'entiere ; & qu'entre leurs sujets, ils avoient des Vassaux, qui étoient des citoyens aisés, de braves guerriers, des soldats obligés à raison de leurs bénéfices, & bien résolus, par honneur & par conscience, à suivre leur banniere, & à combattre sous leurs ordres.

Ils ont encore aujourd'hui des Vassaux qui ne le sont que de nom ; ils ont des censiers, qui ne leur doivent qu'un petit cens ; ils n'ont plus ni soldats, ni sujets.

LE POLITIQUE.

Voilà de l'érudition. Mais quoi à nous mene-t-elle ?

L'AUTEUR.

A démêler la vérité dans un cahos de mensonges, &

à

à nous faire une idée juste des causes & des effets.

Par l'esprit de superstition, le Clergé eut un grand pouvoir spirituel, dont il s'arma contre les Rois, & pour le moins autant contre les Nobles.

Par le droit de la servitude & l'esprit du vasselage, il eut une grande puissance temporelle, qu'il a perdue, quoiqu'il soit resté le même. N'imaginez-vous point qu'il ait pu arriver la même chose, & pis encore, à la Noblesse?

LE POLITIQUE.

Expliquez-vous; qui pourroit vous dévancer dans des routes si peu frayées?

L'AUTEUR.

L'esprit du vasselage fut, pour l'ancienne Noblesse, ce que fut pour le Clergé l'esprit de superstition, & ne confondez pas, je vous prie, le vasselage avec la servitude, comme l'ont fait beaucoup de gens qui prétendent nous instruire. Un vassal étoit un homme libre à tous autres égards; mais à raison d'un gage ou d'un bénéfice, & plus encore à raison de son serment, par honneur, & pour ne pas se couvrir de honte, il devoit à son Seigneur toutes sortes de services ingénus & militaires. Un serf étoit autre chose, ce me semble?

LE POLITIQUE.

La distinction est juste; qu'en concluez-vous?

L'AUTEUR.

Rien encore; mais je continue à établir des faits. La grandeur des Rois s'estimoit par le nombre de leurs

Vassaux ; c'étoit, à bien des égards, la mesure de leur puissance & de leur sûreté. Les Vassaux des Rois en avoient eux-mêmes en plus ou moins grand nombre, suivant la considération dont ils jouissoient, plus encore que dans une juste proportion avec leurs facultés.

Tout grand propriétaire avoit aussi des vassaux; & comme le Seigneur répondoit de son Vassal au Roi & à la justice, qu'il en résultoit des avantages pour la police, & un accroissement des forces militaires, la législation étoit favorable à cette institution, que les mœurs consacroient.

C'étoit l'attribut des Nobles, d'avoir de grandes terres & un nombreux vasselage. Je parle de ces Nobles, que l'on qualifioit alors ainsi, que Charles-Magne n'aimoit pas, parce qu'il étoit moins noble qu'eux, à qui il préféroit ceux qu'on appelloit les médiocres, & qui étoient en si petit nombre, qu'une demi-douzaine d'entr'eux étant morte en Italie, on dit que la France avoit perdu sa Noblesse.

Charles-Magne ne fut pas libéral envers cette Noblesse, à qui il reprochoit d'être fiere de sa beauté & de sa naissance, & de mépriser les sciences. Mais elle reprit le dessus sous son fils, & plus encore sous ses petits-fils.

Tous les emplois furent alors pour elle, & elle donna aux offices de Comtés & de Marquis, un prix qu'ils n'avoient jamais eu. Elle en obtint l'hérédité presqu'absolue, après que les désordres des guerres civiles eurent forcé presque tous les hommes libres à devenir vassaux. Un Roi voulut ôter à ces malheureux propriétaires la liberté du choix, ainsi que le prouve une loi par laquelle elle leur fut rendu. Ce Prince avoit, sans doute, besoin d'un privilege exclusif pour soutenir la concurrence avec les Grands, qui sacrifioient tout au desir de se faire un nombreux vasselage. Son plan fut déconcerté ; & le vasselage des Grands accru sans mesure, amena l'hérédité des Comtés, puisqu'il mit les Rois dans la dépendance des Comtes & grands Vassaux, qui disposerent dès-lors de toutes les forces militaires. Croyez-vous que cette Noblesse-là puisse être comparée à la nôtre?

LE POLITIQUE.

Je ne le crois pas ; mais qu'étoit alors ce que nous appellons aujourd'hui haute & moyenne Noblesse ?

L'AUTEUR.

Ce n'est pas-là de quoi il s'agit maintenant. Je vous dirai pourtant, que toute notre Noblesse descend, non de celle dont j'ai parlé, mais de ces hommes libres, qu'on força à devenir vassaux, & de ceux qui l'étoient déja.

Mais vous devez voir comment l'ancienne Noblesse put se rendre redoutable aux Rois. L'esprit du vasselage fut pour elle ce qu'il fut pour le Clergé, & ce que fut encore pour celui-ci l'esprit de superstition. Quoique le Clergé soit toujours le même, & qu'il reste de la superstition, vous le craignez peu. La Noblesse n'est plus la même, & il ne reste pas la plus foible étincelle de l'esprit de vasselage; & cependant vous affectez de la craindre encore : n'est-ce pas vous rendre suspect de mauvaise foi?

LE POLITIQUE.

Vous oubliez apparemment que, dans les derniers ſiecles, il y eut encore une Nobleſſe puiſſante, & qui donna bien des affaires aux Rois.

L'AUTEUR.

C'eſt que, dans les derniers ſiecles, les grands emplois retenoient quelque choſe de la nature des Comtés & des Duchés, que la Nobleſſe titrée & opulente avoit encore le moyen de s'attacher les Nobles moins riches & moins illuſtres, & que dans cet attachement entroit un reſte de l'eſprit national, c'eſt-à-dire dévouement de la part des ſimples Nobles aux intérêts de leurs protecteurs, vivacité de la part de ceux-ci à protéger & défendre, à quoi ſe joignoit autant de crédit & de moyens qu'il en falloit pour faire du bien. Mais remarquez que le nombre des grands Seigneurs ſe réduiſoit alors à celui des Gouverneurs de Provinces, des grands Officiers, & des Princes, tant nationaux qu'étrangers.

Dans des temps de trouble, celui-là pouvoit encore être grand qui étoit habile, heureux, & eſtimé pour ſes talents & ſes hauts faits.

Si donc votre Prêtre Miniſtre entreprit par ſyſtême de ruiner & de décréditer la Nobleſſe, en l'attirant à la Cour, ce fut un remede qui ne fut adminiſtré qu'après la guériſon de la maladie, & qui pouvoit être ſuppléé par des moyens beaucoup plus innocents, s'il étoit encore beſoin de prendre des précautions contre le petit nombre de grands Seigneurs qui reſtoient dans l'Empire. Avec les factions s'éclipſa cette prétendue grandeur, qui, en elle-même, eût paru peu de chose, si on l'eût comparée avec la masse de l'Etat. Mais c'est à quoi on ne pensa jamais, comme s'il n'y avoit aucune proportion déterminable entre la grandeur de l'Etat & celle des sujets. On déclame donc, on ne raisonne pas, quand on parle de ce que l'on appelle la grande Noblesse, qu'on en fait un corps, & que, pour la trouver dangereuse, on la compare à l'ancienne Noblesse dont elle ne descend pas, & à laquelle elle ne ressemble en aucune maniere.

Déclamez tant qu'il vous plaira contre ces anciens Ducs, les anciens Comtes, & tout le haut Baronnage du temps passé, nous n'y prenons aucun intérêt; ils furent nos oppresseurs, comme les vôtres, puisque, par des circonstances funestes, que, sans doute, ils firent naître, nos peres furent forcés de devenir leurs vassaux, & cesserent d'être des hommes libres, n'ayant d'autre Seigneur que le Roi, & régis seulement en temps de paix, commandés en temps de guerre par ces mêmes Comtes, qui n'étoient que des Grands-Baillis, & qui devinrent leurs suzerains.

LE POLITIQUE.

Voilà une conclusion à laquelle je ne m'attendois pas; mais ce qui est arrivé, peut arriver encore.

L'AUTEUR.

Faites renaître l'esprit du vasselage; rétablissez-le dans toute sa vigueur; qu'il y ait des Nobles, en comparaison desquels les autres Nobles croyent modestement être peuple; que dans la main de ceux-ci rentrent en qualité de ſerfs, tous les vilains affranchis; qu'eux-mêmes ſe dévouent comme autrefois à la haute Nobleſſe, pour ſervir chacun ſon ſuzerain envers & contre tous; que de plus, il n'y ait ni grandes Villes, ni commerce, ni finance, ni troupes ſoudoyées : & je partagerai ſincérement vos allarmes. Tant que les cauſes n'exiſteront point, vous me permettrez de ne pas craindre les effets. Mais tant qu'il exiſtera des cauſes ſuffiſantes pour produire des effets contraires, & que je les verrai ſe multiplier & ſe fortifier, je craindrai, avec raiſon, l'excès oppoſé à celui dont j'ai prouvé la ceſſation.

Je craindrai que l'égalité générale, ſous un Monarque, ne faſſe naître le deſpotiſme oriental, ou ne renouvelle les émeutes populaires, les aſſociations Hanſéatiques, les cantonnements des Bagaudes, les projets républicains d'un Marcel & des Rochelois. Je craindrai que l'eſprit militaire ne devienne une avidité mercenaire; que le courage ne ſe perde avec l'honneur; que l'amour des richeſſes ne dénature tout; que les terres elles mêmes ne deviennent des effets de commerce, & que tout ne ſoit livré aux plus avides, aux plus frippons, & aux plus mépriſables des citoyens, ou plutôt qu'ils ne deviennent tous également mépriſables.

LE POLITIQUE.

Il peut y avoir quelque choſe de vrai dans ce que vous venez de dire. Car tout excès a ſes inconvénients. Adieu.

Oui, ſans doute, tout excès, s'il eſt durable, peut amener la ruine de l'Etat. Mais je n'en connois point de plus pernicieux que celui de la méfiance, qui porte un Souverain à ne mettre que de petits hommes dans les grandes places, ou à donner beaucoup d'importance aux petits emplois, pour réduire à rien ceux que les mœurs nationales ne lui permettent pas de conférer à des hommes sortis de la fange.

Le premier de ces abus fit partie de la foible & tremblante politique des Empereurs Romains.

Nos peres ont vu s'établir le second. Je le vois régner dans plusieurs Cours, où il est la source de beaucoup de désordres.

Mais il est des Princes assez petits pour se trouver gênés avec un homme qui a une consistance personnelle & indépendante de leurs graces, & il en est d'assez aveugles pour vouloir s'affranchir de cette gêne salutaire.

Ailleurs, on a établi une méthode admirable pour réduire à rien la consistance personnelle que pourroient avoir les Conseillers du Prince.

Cette méthode a consisté à leur créer une grandeur factice, une fortune précaire, auprès de laquelle tout ce qu'ils sont & tout ce qu'ils ont par eux-mêmes est peu de chose.

Ainsi ils sont réduits à n'être que des créatures du Souverain, lorsqu'ils devroient paroître devant lui avec la noble confiance que donnent la certitude de ne pas décheoir & des services désintéressés. C'est dans ces deux choses que je fais consister l'aristocratie monarchique. Où elles ne se trouvent pas, la démocratie assiege le trône, & l'avilit.

Mais la baſe de cette ariſtocratie n'eſt point une loi qui ôte au Souverain le choix de ſes principaux Conſeillers.

Il doit avoir ce choix ; mais les mœurs & des loix indirectes doivent en limiter l'uſage : & ſur-tout ce devroit être une maxime conſtante dans les Monarchies, que, hors les cas de malverſation ou de trahiſon, nul homme qui auroit approché du Prince, ne pût rentrer dans le néant.

Or, cette maxime ſuppoſeroit que nul n'en ſeroit ſorti pour approcher du Prince.

Ce ſeroit encore une maxime très-ſage, que celle qui établiroit une certaine proportion d'un côté entre les émoluments des grands emplois, & les dépenſes néceſſaires qu'ils occaſionnent; & de l'autre, entre ces émoluments & ces dépenſes, & les revenus propres & inamiſſibles de ceux qui y ſeroient élevés. Ce ſeroit le moyen de conſerver aux Conſeillers du Souverain cette noble liberté qui fait trop ſouvent place à la crainte de décheoir & de perdre, & qui tourne cette crainte ſi naturelle contre l'intérêt eſſentiel de l'Etat.

Mais ces maximes ne peuvent être miſes en pratique qu'où il y a de grandes fortunes, un ordre diſtingué par la naiſſance & la poſſibilité de décheoir dans le ſein même de la faveur. Or, tout cela ne ſe trouve que dans les Etats où il y a inégalité de naiſſance & de fortunes.

Mais il ne faut pas pour cela que la Nobleſſe ſoit un corps d'ariſtocratie; il faut qu'elle ſoit la premiere claſſe de la nation, mais quelle faſſe partie du peuple. L'aristocratie ne doit se trouver qu'autour du trône, & le choix du Souverain doit toujours la composer.

Que sur-tout nul citoyen de cette classe n'ait d'autre chef que le Monarque, & qu'on évite avec soin cette Monarchie graduée qui donna naissance au Gouvernement féodal, en plaçant, entre le Prince & sa Noblesse, des hommes puissants & accrédités, qui, sous prétexte de recevoir ses hommages, pour les reporter au Souverain, les intercepterent, & se mirent en possessions de disposer du loisir & de l'aisance des Nobles subalternes. C'est dans ce loisir & cette aisance rassemblés en masse, & disponibles au gré d'un seul homme, que consiste la puissance monarchique, & c'est-là ce que le Monarque ne doit partager avec qui que ce soit.

Mais ne concluons pas des inconvénients que produisit l'oubli d'une regle aussi essentielle; ne concluons pas, dis-je, que cette aisance & ce loisir d'un ordre voué au métier des armes soient une chose funeste. Chez tous les peuples guerriers, le loisir honorable, qui n'est point sans aisance, fut le pere nourricier de la bravoure; & chez tous les peuples bien policés, la bravoure fut le partage de ceux que leur fortune & leurs prérogatives légales intéressoient particuliérement à la défense de l'Etat, & au maintien de la constitution. Où il en est autrement, tout est précaire plus ou moins, & tôt ou tard l'esprit mercenaire doit prévaloir & tromper la confiance qu'il avoit usurpée, après avoir ruiné l'Etat par les progrès de l'avidité & le décroissement proportionnel de l'honneur.

Je n'en dirai pas davantage sur cette matiere, & peut-être en ai-je déja dit plus qu'il n'étoit besoin, puisque tout cet Ouvrage offre la preuve des maximes que je viens d'avancer.

CHAPITRE XVII.

Qu'il doit y avoir analogie entre la forme du Gouvernement & les différentes manieres de subsister, & une proportion entre les classes relativement à la constitution de l'Etat.

JE viens au quatrieme devoir des Souverains, ou à la quatrieme regle qu'ils doivent suivre relativement à la subsistance des peuples. Je l'ai développée dans la remarque suivante.

» Enfin, ai-je dit, la maniere dont il peut être » pourvu à la subsistance des citoyens, n'est point in» différente. Elle est très-variée dans tout Etat un peu » étendu. Mais toute maniere de gagner sa subsistan» ce, n'est pas aussi favorable en elle-même que toute » autre, ni aussi analogue à chaque constitution; & ce » doit être la regle d'une conduite très-différente, sui» vant la différence des Gouvernements, du génie des » peuples, & du territoire qu'ils occupent.

Si ce que je viens de dire a l'air de la nouveauté, c'est une preuve que, jusqu'ici, on n'a gueres pensé à combiner, les unes avec les autres, les différentes parties de l'économie politique, & que cette ſcience eſt bien loin de ſa perfection. Je me flatte cependant que, ſur le ſeul expoſé des maximes que je viens d'énoncer, la plupart de mes Lecteurs penſeront qu'elles ne ſont ni ſans fondement, ni ſans objet; c'eſt-à-dire, qu'elles réſultent de principes vrais, & que leur application eſt poſſible & peut être utile. Mais ce n'eſt point pour des idées vagues que je demande un aquieſcement confus & ſtérile.

Je dois fixer les idées que je veux faire naître, & prévenir les mépriſes par des applications qui mettront en évidence l'eſprit des maximes dont il s'agit.

Je citerai ici, avec confiance, l'exemple de l'ancienne Egypte, comme du Pays où la ſcience du Gouvernement dut naître de la nature même de l'homme & des choſes, & ne put être fondée ſur des maximes adoptées ſans examen, puiſqu'il ne paroît pas que les Egyptiens ayent eu d'autres maîtres dans cette ſcience, que la néceſſité, l'expérience & la réflexion.

Les Egyptiens, diſoit Hérodote, ſont diviſés en ſept états ou condition; ſavoir, les Prêtres, ceux qui ſont profeſſion de la guerre, les bergers, les porchers, les marchands, les interprêtes, & les mariniers. Il y a donc en Egypte ſept claſſes d'hommes, qui tirent leurs noms des métiers qu'ils exercent. Ceux qui ſont profeſſion de la guerre, ſont appellés Calaſires & Hermotybies. Les Hermotybies habitent ſix Provinces, & en ſortent au nombre de cent ſoixante mille hommes. Aucun d'eux n'apprend un art méchanique, mais tous s'appliquent à la ſcience de la guerre. Les Calaſires ſont partagés entre douze Provinces, lesquelles fournissent un peu plus de deux cents cinquante mille hommes, à qui il n'est pas non plus permis d'apprendre aucun métier, hors celui de la guerre, qu'ils apprennent de pere en fils.

Je ne saurois dire, continue Hérodote, si les Grecs ont emprunté cette coutume des Egyptiens, d'autant que, même chez les Scythes, les Perses, les Lydiens, & chez presque tous les Barbares, on estime les gens de métier aussi-bien que leurs enfants, comme la plus vile & la moins considérable partie du peuple, & que ceux-là sont estimés les plus nobles, qui n'exercent point les arts méchaniques, & principalement qui font profession des armes.

C'est donc une coutume reçue chez les Grecs, & surtout chez les Lacédémoniens; &, comme eux, les Corinthiens, ne font pas grand état des artisans.

Au reste, les gens de guerre étoient les seuls en Egypte, avec les Prêtres, à qui, pour marque d'un honneur insigne, on donnât à chacun douze arpents de terre, avec exemption de toutes charges & redevances.

Un même homme, disoit Socrate, ne peut pas apprendre tous les arts, & nous voyons que les Républiques tiennent dans l'avilissement ceux qu'on appelle sordides, ou les arts méchaniques, parce qu'il leur paroît que ces arts affoiblissent le corps, & dégradent l'ame.

Si l'on veut se convaincre de cette vérité, on n'a qu'à opposer à l'ennemi deux corps d'armée, que l'on placera dans deux endroits différents; l'un composé d'ouvriers, & l'autre d'agriculteurs : qu'on leur demande ensuite séparement s'il faut défendre le plat Pays, ou l'abandonner à l'ennemi, pour se renfermer dans la Ville. On verra que les cultivateurs seront tous d'avis qu'il faut défendre le territoire, contre l'invasion dont il sera menacé. Les ouvriers, au contraire, voudront se retirer dans la Ville, sans s'exposer aux risques d'un combat, & pour revenir à la vie sédentaire & commode à laquelle ils sont habitués. Socrate développoit une autre fois cette pensée, par une comparaison qui étoit toute entiere à l'avantage de l'agriculture.

Mais à quoi bon tout ceci, me dira-t-on, & où peut nous conduire cette digression ?

Elle nous conduit à reconnoître la vérité de cette maxime : Que les hommes, à raison de leur naissance, de leur éducation & de leur profession, sont plus ou moins propres aux différentes fonctions qu'exige le service public de la société. Nous rapprocherons ensuite de cette maxime celle-ci, qui n'est pas moins vraie : Que les besoins de la société étant dans une certaine proportion entre eux, il doit y avoir la même proportion, ou à peu près, dans le nombre des citoyens animés d'un certain esprit, & propres à certaines professions.

Autre maxime que personne, je pense, ne contestera.

Dans chaque Gouvernement, il domine un esprit qui en fait le caractere distinctif, & d'où naît sa plus grande & sa moindre aptitude à certaines choses, mais dont le principe est dans la classification des citoyens, & dans les mœurs comme dans le pouvoir de chaque classe.

Autre est l'intérêt du Gouvernement relativement à

la nation ; autre celui du Gouvernement & de la nation ensemble relativement aux autres nations. Mais le syſtême national eſt d'autant meilleur, que l'intérêt du Gouvernement eſt plus étroitement lié avec cet autre intérêt collectif; en ſorte que ce qui eſt favorable à l'un, ſoit favorable à l'autre.

De la diſcordance de ces deux intérêts naît la fluctuation la plus dangereuſe dans l'ordre politique, puiſque l'intérêt collectif venant à être exalté par des circonſtances forcées, le Gouvernement devient chancelant, & que celui-ci ne peut ſe raffermir qu'en contrariant l'intérêt collectif, d'où naît un état de foibleſſe habituel.

La ſolidité du Gouvernement doit avoir la préférence ſur tout autre intérêt ; en premier lieu, parce que, ſans elle, il n'y a point de tranquilité, ni d'harmonie intérieure ; & en ſecond lieu, parce que le Gouvernement s'occupera toujours de ſon affermiſſement. Or, en ces matieres, ce qui ne peut manquer d'être, doit être, & il faut ſuppoſer que c'eſt auſſi le mieux.

Ces maximes pourront paroître abſtraites. Rendons-en la vérité ſenſible par des exemples.

Exiſter & pouvoir ſe défendre, ſont deux intérêts ſi étroitement unis, que le Créateur ne les a ſéparés dans aucune de ſes créatures. Ce ſont auſſi les deux premiers intérêts de toute ſociété. Mais ils ne ſont pas également dominants dans chacune.

Ici l'exiſtence eſt précaire, & le grand intérêt eſt de la conſerver & de l'accroître, pour qu'elle ne diminue pas. Là, l'exiſtence eſt aſſurée à un ſi haut point, que ſa conſervation, facile par elle-même, n'eſt qu'un intérêt du second ordre, en comparaison de l'intérêt plus grand de se défendre contre les dangers externes.

Où l'existence est le premier intérêt, le grand nombre doit être celui des citoyens qui travaillent à l'accroître; & comme ce sont eux qui servent le mieux la société, c'est en eux aussi que doit résider le plus grand pouvoir civil. Mais comme on ne doit pas espérer des hommes qu'ils fassent deux choses également bien, ce ne seront point ces mêmes citoyens qui défendront la société en cas d'attaque, à moins qu'il n'y ait une grande analogie entre la maniere d'exister de la société, & sa maniere de se défendre. Mes Lecteurs me préviennent, & pensent déja aux Etats dont l'existence artificielle est fondée sur le commerce. S'il faut se défendre sur terre, ces Etats sentent leur foiblesse, parce que la classe qui y domine est impropre à la guerre de terre. S'il faut se défendre sur mer, il en est autrement : la guerre maritime est le triomphe des Etats commercants. Mais nul genre de guerre ne convient aux petits Etats qui subsistent du trafic par terre & des manufactures.

La Hollande, Gênes, Geneve, sont des exemples que je ne cite que pour montrer à mes Lecteurs que j'ai les mêmes idées qu'eux.

Un Etat, qui connoît sa foiblesse, ne doit pas s'exposer de ce côté-là. Autrement il ne se trouve plus de proportion entre ses moyens & ses besoins. Tant que les Provinces-Unies emprunterent du besoin d'exister leur courage & leurs forces, l'Espagne s'épuisa en vain pour les asservir. Dès que leur existence fut assurée de ce côté, & qu'elles se furent procuré, par le commerce &

les arts, une grande exiſtence précaire, elles n'auroient dû s'expoſer qu'à des guerres maritimes. Dès qu'elles eurent à ſoutenir des guerres de terre, il n'y eut plus de proportion entre les beſoins de l'Etat & le nombre des citoyens animés de l'eſprit qui fixe ou balance la fortune dans ces ſortes de guerres. L'eſprit mercantile né de l'exiſtence acceſſoire & précaire, en comparaiſon de laquelle l'exiſtence néceſſaire ou naturelle n'étoit plus rien, entretenu par le nombre & le pouvoir moral des citoyens fabricants & commerçants devenu l'intérêt du Gouvernement par le beſoin d'exiſter, & par le crédit prédominant de cette claſſe dans la ſuprême magiſtrature; cet eſprit, dis-je, fit le caractere diſtinctif des Provinces-Unies, & leur donna la plus grande aptitude à s'accroître toujours par le commerce, & la moindre à ſe défendre contre une Puiſſance de terre.

L'intérêt du Gouvernement fut, que les poſſeſſeurs de l'argent fuſſent auſſi les propriétaires de l'autorité.

L'intérêt collectif du Gouvernement & de la nation, fut de ſoutenir & de défendre l'exiſtence précaire de la ſociété, & ſon indépendance.

Ces deux intérêts furent d'accord, tant que le beſoin de ſe défendre fut moindre que celui de gagner, & tout alla bien.

Mais le beſoin de ſe défendre ayant pris le deſſus, de la maniere la moins analogue à l'autre beſoin, l'intérêt collectif ne fut plus d'accord avec celui du Gouvernement. Jean de Wit fut ſacrifié, & il y eut un Stathouder. L'intérêt collectif reprit enſuite ſa premiere nature, & le Gouvernement fut rétabli; car le beſoin de ſe

défendre

défendre étoit devenu nul. Mais on savoit que la guerre défensive étoit l'écueil du Gouvernement établi, & on la redoutoit. On fut pourtant assez mal avisé pour s'y exposer; & le besoin de se défendre l'emporta de nouveau sur l'intérêt du Gouvernement. Aujourd'hui celui-ci est partagé, & concilie tous les intérêts. Mais d'un côté est l'argent; de l'autre, la force militaire. Ce sera à celui qui dispose de celle-ci, à voir si, en faveur d'une plus grande existence précaire, il aime mieux dépendre, en quelque sorte, d'une société de négocians, ou si, au risque de diminuer cette existence, il ne lui convient pas mieux d'augmenter le besoin & les moyens de défense, pour accroître la force, & faire passer de son côté une plus grande portion d'autorité.

On peut cependant prévoir dans cet Etat un conflict de pouvoir diamétralement contraire à celui que l'on a vu, & que l'on voit encore dans d'autres Etats. L'ordre militaire, par l'avantage qu'il a d'être sous un chef unique, gagnera sur l'ordre commerçant, pour peu que celui-ci soit assez mal-adroit pour ne pas ôter à cet ordre rival les occasions de se rendre nécessaire.

Dans un autre Pays, que la mer sépare de celui-là, l'existence précaire fit jadis des progrès, que ne remarqua pas assez le Souverain. Elle étoit déja égale à l'existence nécessaire; & ceux sur qui elle rouloit, avoient déja envahi plus de la moitié du pouvoir. Ils étoient déja dépositaires de tout l'argent, lorsque le Souverain croyoit encore gouverner la même nation qu'avoient gouvernée ses prédécesseurs. Il se trompoit; & cette erreur lui coûta le trône avec la vie : elle acheva la ruine de la Nobleſſe. Cependant, par l'influence que les loix conſerverent aux propriétaires ſur la légiſlation, l'exiſtence néceſſaire s'accrut autant & peut-être plus que celle qui étoit précaire, & le Gouvernement ne fut pas dénaturé, l'eſprit national ne changea pas entiérement. Mais peut-être le temps eſt venu où la claſſe des propriétaires va être aſſervie aux claſſes marchande, fabricante & rentiere, ou, par conſéquent, l'exiſtence naturelle diminuera au profit de l'autre. Peut-être vivrai-je encore aſſez, pour voir les ſuites de cette révolution.

Mais nos neveux verront le combat de la milice ſous un ſeul chef, contre le commerce, les fabriques, & les banques. Avant ce temps-là, viendra celui où toute la milice ſera mercenaire, & où l'on ne s'occupera que de commerce & d'invaſions marchandes.

Quelles flottes couvriront la mer? On oubliera la bataille des Arginuſes. Mais malheur aux Athéniens, s'il naît un Lyſander, & qu'il y ait encore des Spartiates!

Athenes, réduite à ſe défendre avec ſon exiſtence naturelle, ſe crut perdue, & le fut. Une flotte de moins n'étoit rien pour Sparte, parce que le caractere diſtinctif de ſon Gouvernement étoit l'eſprit militaire, joint au plus ſublime patrotiſme; ce qui ſuppoſe que l'exiſtence néceſſaire de Sparte étoit dans ſes enfants & dans ſes terres, & qu'elle n'avoit point d'exiſtence précaire, ou, qu'en comparaiſon de la premiere, celle-ci n'étoit rien.

Lycurgue avoit encore voulu ajouter un trait à ce caractere. L'eſprit de conſervation devoit en faire partie. Mais l'eſprit de conquête & de domination l'emporta; & s'il donna de grands ſuccès aux Spartiates, il leur créa un intérêt qui dégénéra bientôt en un accroiſſement d'exiſtence, par lequel fut troublée l'ancienne proportion entre les beſoins & les moyens. Il fallut des flottes, qui furent ſouvent battues; pour armer des flottes, il fallut de l'argent, qu'on mendia chez les Satrapes d'Aſie. Bientôt les citoyens voulurent en avoir. Plutôt encore il fallut joindre aux guerriers citoyens de nouveaux citoyens, un nouveau peuple, qui n'eut pas les mœurs de l'ancien. Sparte parut plus grande que jamais, & ſa ruine avoit déja commencé par l'accroiſſement de ſes beſoins.

Ce ne ſont point des Spartiates que ces habitants des montagnes qui arroſent l'Europe. Mais il leur reſſemblent par l'impuiſſance de conquérir ſans ſe perdre. Ils leur reſſemblent par la facilité de ſe défendre, & encore un peu par leur pauvreté, qui n'offre aucun prix au téméraire qui entreprendroit de les conquérir.

Mais je trouve chez eux pluſieurs formes de Gouvernement; & cette variété m'interdit tout raiſonnement général ſur l'accord des divers intérêts du peuple & du Magiſtrat. Je m'arrête à une ſeule de ces Républiques, dont le Gouvernement eſt ariſtocratique. C'eſt auſſi la plus puiſſante & la plus conſidérée.

Là ce ſont la terre & les hommes qui ſont toute la puiſſance de l'Etat. Les hommes ne ſont rien ou preſque rien ſans terre; & c'eſt à proportion de ce qu'ils en poſſedent, qu'ils ont le pouvoir moral, ſans lequel il n'eſt point de ſociété. Tel eſt le vrai fondement de l'ariſtocratie; fondement comme limité, qui, dans aucun de ſes rapports, ne peut être ſouſtrait aux loix, ni dérobé à l'œil de la politique.

Heureux citoyens, ne vous laiſſez point ſéduire par l'amour des richeſſes ; ignorez ces calculs qui tendent à en faire naître la ſoif, en prouvant la néceſſité de gagner ; tirez de votre terre tout ce qu'elle peut produire ; fourniſſez encore une occupation acceſſoire à vos cultivateurs. C'en ſera aſſez pour accroître & maintenir la population de votre Pays. Mais ne mettez jamais votre intérêt à vendre beaucoup ; ce ſeroit renoncer à nourrir beaucoup de citoyens. Ne le mettez jamais à vendre des choſes précieuſes pour acheter les choſes viles, dont on ſe nourrit, afin d'augmenter le nombre de vos ſujets. Ce ſeroit mettre au haſard votre ſubſiſtance, qui peut être aſſurée, pour vous ſurcharger d'une exiſtence précaire ; n'ayez point l'ambition de vous accroître plus que ne le comporte votre territoire. Savez-vous ce qui en arriveroit? Votre économie intérieure s'arrangeroit ſur cette réplétion d'habitants ; & ſi la ſageſſe de vos voiſins venoit à vous la faire perdre, vous ne pourriez plus vous retrouver, & votre ruine ſeroit prochaine.

Que de grandes fabriques ne vous tentent point. Si elles s'établiſſoient chez vous, bientôt vous ne ſauriez plus où eſt le pouvoir. Il diminueroit dans les poſſeſſeurs des terres ; il s'accroîtroit dans ceux qui n'en auroient point ; & cet accroiſſement peu ſtable, inconnu dans ſa ſource, redoutable par la ſubordination de l'ouvrier au fabricant, mettroit vos loix en défaut, & produiroit une fluctuation funeſte dans la forme de votre Gouvernement. Penſez encore moins à faire de vos ſujets, les facteurs de vos voiſins ; les profits de la facture dégoûtent de profits plus ſolides : le ſuccès vous mettroit en danger, & ſeroit toujours médiocre. Mais, fût-il très-grand, ſes avantages pécuniaires ne vous dédommageroient pas de l'altération de vos mœurs, qui en feroit le premier effet. Que ſeroit-ce encore, ſi la race avide & indiſciplinable des facteurs s'emparoit d'une partie de l'autorité pour la dénaturer par ſon eſprit mercantile? Votre intérêt eſt de maintenir le Gouvernement de votre patrie tel qu'il eſt. Votre devoir n'eſt pas d'enchaîner chez vous plus de citoyens que votre Pays n'en peut nourrir. Ne perdez jamais de vue votre intérêt, & ne vous impoſez pas un devoir chimérique.

Je viens à cette nation, dans tous les temps fameuſe par ſa généroſité, & ſon amour pour ſes Rois. Elle eſt ſi grande, d'un tempérament ſi robuſte, que c'eſt peut-être l'irriter, que de lui parler de ſes maladies, lorſqu'elle ne les ſent pas encore. Evitons de l'effaroucher; & au-lieu de lui parler d'elle-même, parlons-lui des deux hommes qu'elle admira tour-à-tour, & dont les principes ont tant influé ſur ſa fortune, ſur ſes mœurs, ſur ſa conſtitution. J'en dis peut-être trop ; car bien des gens croyent que ſa conſtitution eſt inaltérable.

Le premier des hommes dont je veux parler, étoit un citoyen du premier ordre, par ſa naiſſance & la poſſeſſion d'une propriété légale. L'économie domeſtique, dont il avoit conſacré les fruits à ſon Roi, à ſon ami, avoit été pour lui l'école de l'économie publique. Parvenu à la direction de la branche la plus importante de cette derniere économie, il voulut que les terres acquissent la plus grande valeur possible par une bonne culture, & encouragea celle-ci par la liberté & l'aisance qu'il s'efforça de procurer aux cultivateurs. Le commerce & la fabrication naissoient, dans ce plan, de l'agriculture, à laquelle ils étoient subordonnés comme des serviteurs à leur maîtresse. L'empire des mœurs restoit aux propriétaires des terres, qui, par leur naissance & leur éducation, méritoient le mieux de conserver cet empire dans une Monarchie, dont le Chef étoit le premier de leur ordre, leur modele, le garant de leurs prérogatives, l'objet d'un amour privilégié, & durable, puisqu'il étoit intéressé.

Le Ministre, & le bon Roi qu'il servoit, voulurent qu'une sage parcimonie réglât dans cet ordre sa générosité naturelle; ils travaillerent à le préserver des malheurs qu'entraîne le faste; ils tournerent en ridicule la folle vanité, qui échangeoit des terres & des châteaux contre l'attirail périssable d'un faste inutile.

Enfin, l'existence naturelle d'un vaste Empire parut à ces deux hommes devoir être l'objet unique de leurs soins, parce qu'en la rendant aussi grande qu'elle pouvoit l'être, ils élevoient la Monarchie à un degré de grandeur aussi haut que l'Europe & sa population possible le pouvoient comporter. Ils voyoient encore dans ce plan, aussi simple que magnifique, l'équilibre maintenu dans les mœurs, la gradation des ordres conservée, la préférence assurée aux fonds de terre, la dignité légale liée aux attributs les plus essentiels de la Cité, l'aisance perpétuée là où devoient aussi se perpétuer la volonté de servir l'Etat, & les talents nécessaires pour le bien servir ; cette aisance partagée, comme elle se partage naturellement entre les habitants des Provinces, & substituée en grande partie à la solde ; le trésor public déchargé par-là même, & se remplissant cependant avec plus d'ordre & de facilité par les contributions des cultivateurs, que par les extorsions détaillées de la maltôte ; l'indépendance de toute la société prise ensemble, fondée sur l'avantage naturel qu'elle avoit de se suffire à elle-même ; l'autorité du Gouvernement garantie par un ordre nombreux, dont l'élite étoit appellée à la partager, & dont tous les membres avoient intérêt de la maintenir ; le caractere national fixé au point le mieux assorti avec le génie du peuple, qui ne se trouvoit contrarié par une police vigoureuse, que pour se porter avec plus de force vers les objets qui pouvoient contribuer le plus à la gloire & à la prospérité de la nation.

Voilà ce que le bon Roi & son Ministre voyoient dans leur plan d'économie publique. On croit généralement aujourd'hui qu'ils voyoient bien. Mais peu de gens croiront qu'ils vissent tout ce que je viens de dire qu'ils voyoient.

Le brigandage d'une minorité & d'une régence mal-affermie dissiperent les fruits les plus apparents de cette sage économie ; & les successeurs du Ministre agricole furent bien-loin de pénétrer la profondeur de ses vues. Enfin, un Roi ambitieux monta sur le trône ; & la foiblesse qu'il eût d'être seul grand, ou de ne rien voir de grand qu'il n'eût créé, lui fit chercher ses coopérateurs dans la derniere classe du peuple.

De cette classe sortit cet autre homme, dont j'ai promis de parler. Il avoit vécu de gages assurés par un brevet, & ne connoissoit point la précieuse propriété, qui ne donne que par petites parties & seulement au travail assidu. Il faisoit donc cas de l'argent beaucoup plus que des biens réels, dont il est le signe; & de cette premiere erreur de son cœur, jointe à l'erreur non moins grande de son maître sur la vraie grandeur, & à la méchanceté infernale d'un rival furieux, naquirent tous les vices de son administration.

Il falloit de l'argent à son ambitieux maître; il en falloit beaucoup, pour exécuter tous les projets que lui suggéroit, pour ruiner l'économe, le Ministre sanguinaire : il fallut donc donner à l'administration la forme la plus propre à attirer l'argent, & non la plus favorable à la création des biens réels, & au maintien des mœurs nationales; mais l'intérêt de celle-ci, loin d'être un obstacle, devenoit un motif de plus pour tout bouleverser. Le Roi ambitieux avoit juré, dans le délire de sa vanité, que nul ne seroit ni grand ni riche que par lui; qu'il feroit des esclaves titrés de tous ceux qui pouvoient être libres, & que la servitude entreroit dans la maison par le toit.

L'économe fut donc bien-loin d'avoir des scrupules sur le déplacement qu'il alloit produire dans les fortunes particulieres. Il n'en eut pas même sur la métamorphose d'une partie considérable de l'existence nécessaire en une existence précaire & amissible.

Pour faire des saignées plus abondantes, sans trop affoiblir le patient, il falloit lui donner la fievre. La circulation lente, mais réguliere, qu'entretenoit un commerce subordonné à l'art créateur, lui parut ramener trop rarement le sang de l'Etat aux endroits d'où on le tiroit pour remplir le bassin immense où tout devoit désormais être puisé, faste public & particulier, solde de troupes, gages d'Officiers sans nombre, subsides, fraix immenses de guerres ruineuses, pensions alimentaires, récompenses fastueuses, établissements plus somptueux qu'utiles.

Oui, sans doute, vous fûtes un grand homme pour faire le mal, vous qui trouvâtes l'art de déranger le cours de richesses, pour déplacer l'abondance, & accumuler sans cesse de nouveaux trésors dans le lieu où ils devoient s'abymer sans cesse.

Vous dites : Que l'agriculture soit l'esclave du commerce & des manufactures ; que celles-ci ne se bornent point à donner une valeur nouvelle à nos denrées ; qu'elles fassent vivre des millions d'hommes dans des Pays lointains par l'emploi de leurs productions ; que les cultivateurs quittent la charrue devenue moins féconde ; que les propriétaires quittent leurs terres, dont le produit à baissé ; que tout prenne une forme nouvelle pour attirer l'argent, que la politique repoussera pour le faire circuler dans des canaux où je puise arbitrairement, pour qu'une partie de la nation mange un pain étranger, pendant qu'elle enverra au-dehors de précieuses frivolités ; que les campagnes deviennent désertes au profit des Villes, dont mes avides émissaires assiegent les portes ; que tout le superflu que je ne puis prendre, l'aisance même dont je dédaigne le sacrifice, paſſe par le luxe dans des mains qui me ſont ouvertes, ou que du moins je puiſſe les rançonner deux fois au paſſage. Vous dites, & vous fûtes obéi. Mais ſortez de la pouſſiere, & voyez ce que vous avez fait!

Tout ce que produit l'agriculture a été avili; & malgré la diminution de notre peuple, nous achetons ſouvent du pain de nos ennemis.

Par une ſuite de vos enchantements, il reſte encore un peuple nombreux, qui offre le prodige d'un arbre déraciné & plein de vigueur. Nos agriculteurs le nourriſſent, & il les paye partie avec leur argent, & partie avec l'argent étranger. Mais celui-ci vient tous les jours en moindre abondance; & vos colonies ſans terres, au milieu d'un Pays inculte, décroiſſent dans la même proportion.

Ce qui fut notre richeſſe, ne l'eſt plus. Les terres mêmes, ces biens éternels & toujours croiſſants, ſoutiennent à peine la concurrence avec les biens les plus périſſables, & qui décroiſſent continuellement. Notre grandeur n'eſt plus en nous-mêmes, & ne dépend plus de nous. Vous l'avez miſe dans le goût paſſager & changeant des nations étrangeres pour nos fabriques & nos arts les plus frivoles, dans quelques branches de commerce toujours précaires, dans des poſſeſſions lointaines, qui peuvent toujours nous manquer.

Si la fortune nous enleve ces choſes, ſans que notre territoire ſoit entamé, ſans que notre population ſoit ſenſiblement diminuée, nous nous croyons perdus, & nous le ſerons en effet. Mais n'eſt-ce pas-là avoir échangé des fonds gras & fertiles, contre des monts de fable qui font le jouet des vents? Ne vous récriez pas contre cette comparaifon, par laquelle j'accufe de ftérilité ce que vous avez regardé comme des fources de richeffe. J'ai déja dit, & je le répete encore, que tant qu'il refte un arpent de terre en friche ou en mauvaife valeur, & que les manufactures & le commerce ne nous mettent pas en état ou dans la néceffité d'acheter plus de bled que cet arpent n'en produiroit, le commerce & les manufactures ne produifent point un gain national, & leur effet fe borne à convertir en fubfiftance précaire & en exiftence factice, une fubfiftance propre & une exiftence néceffaire.

Mais fi le commerce & les manufactures occupent un grand nombre d'hommes, & que ce nombre, ou un plus grand encore, manquent à l'agriculture & aux fabriques moins brillantes qui en naiffent & l'encouragent; fi pendant qu'on achete de la foie pour faire de belles étoffes, on vend du chanvre aux cordiers étrangers; fi l'on achete du bled, parce que la culture en a dépéri, par le vil prix & la gêne, je vois une diminution très-réelle de nos richeffes; & tout le fruit de vos opérations fe réduit au déplacement de ce qui en refte. Sans doute, vous l'avez prévu, puifque vous l'avez néceffité. Voyons fi vous pourrez du moins le juftifier.

Vous vous applaudiffez en voyant de grandes Villes, où il n'y avoit autrefois que des bourgs, & vous croyez avoir fait une belle chofe en accumulant dans ces Villes l'argent & la confommation, les plaifirs & les vices. Tout cela groffit, dites-vous, les revenus du

Souverain, embellit l'Empire, attire les étrangers, facilite les reſſources.

Pour une Ville qui s'eſt agrandie, j'en trouve pluſieurs qui ſont devenues des Bourgs, & pluſieurs Bourgs qui ne ſont plus que de mauvais Villages. Or, la population eſt d'autant plus grande & plus durable, qu'elle eſt plus également repartie. Les hommes, en ſe preſſant, s'étouffent. De plus, la culture y gagne, auſſi-bien que les mœurs.

Quant au pouvoir moral, il a paſſé des campagnes dans les Villes, avec les richeſſes & la population: eſt-ce un bien? Nemrod me répondra que, pour aſſervir les hommes, il faut bâtir des Villes. Les anciens Francs me diront, que les Villes ſont des filets ou des priſons. Auxquels croirai-je? Ni à Nemrod, ni aux Francs: car les Villes Hanſéatiques ſurent ſe ſouſtraire à la domination de leurs Seigneurs, & une puiſſante Ville n'eſt pas l'endroit où, dans un temps de trouble, on reſpecte le plus l'autorité légitime; c'eſt ſouvent celui où ſe forment les premiers projets d'indépendance.

Mais laiſſons-là le lieu, pour parler des perſonnes. La claſſe des cultivateurs a fourni des habitants aux Villes. Si nous avons égard à la ſtabilité des ſujets, ce n'eſt par un gain pour l'Etat. L'aiſance ſans luxe contagieux, a été remplacée par la richeſſe mal-aiſée, qui habite les Villes, où les citoyens ſont eſtimés pour ce qu'ils veulent & peuvent, & non pour ce qu'on leur arrache; ceci ne paſſera pas non plus pour une amélioration.

A la richeſſe des Seigneurs terriers, qui ne penſoient point à gagner, a ſuccedé la richeſſe, toujours imparſaite, de ceux qui ſont métier de gagner, ſans rien produire; c'eſt-à-dire, en rançonnant les acheteurs & les vendeurs.

Cet art, ſans doute, amoncele le métal; ce qui paroîtra fort beau à ceux qui l'aiment : mais je ne vois point de profit clair pour l'Etat, & je cherche en vain le citoyen qui lui conſacre ſon temps & ſon aiſance; tribut dans lequel conſiſte pourtant eſſentiellement la force interne & externe de la ſociété.

A l'autorité des Seigneurs ſur leurs payſans, a ſuccédé celle des marchads ſur les fabricants, des fabricants ſur les ouvriers, des négociants ſur leurs écrivains & mariniers, des Magiſtrats municipaux ſur un plus grand nombre de Bourgeois. On me dira que l'humanité y a gagné, parce qu'un Gentilhomme eſt toujours un tyran, quand il peut l'être. C'eſt ce que je n'examine pas : mais je conçois que ce prétendu tyran n'eſt qu'un homme contre pluſieurs; qu'il n'y a point de ligue à craindre entre lui & ſes ſujets, & que, pour ſon intérêt, l'homme qui eſt ſeul contre pluſieurs, doit reſter attaché à celui à qui tous obéiſſent, & ne peut ſe cantonner. Il en eſt autrement d'une Magiſtrature municipale, qui forme un Gouvernement régulier & populaire. L'alliance exiſte déja entre le peuple & ſes chefs. Ainſi il ne leur manque, pour devenir une ſociété parfaite, que la volonté ou le pouvoir, ou tous les deux enſemble. Pluſieurs circonſtances peuvent donner le pouvoir. La volonté le ſuivra de près, parce qu'où regne l'amour du gain, là exiſte un vœu ſecret contre la dépendance, qui eſt un titre de contribution, & qui ne donne droit qu'à une protection facile à suppléer.

La liberté est le cri uniforme du commerce. Or il ne l'avoit suffisante & assurée que dans le droit de se gouverner lui-même.

Mais si la masse des citoyens avides de gain, vient à surpasser celle des citoyens prodigues de leur aisance, l'esprit de la premiere l'emportera sur l'esprit de l'autre, & la force de la société sera, non plus dans l'aisance & le loisir des citoyens, mais dans le revenu public sur lequel il faudra payer le loisir & la volonté, & fournir des dédommagements à ceux dont les fruits mercenaires devront remplacer ceux que rendoient auparavant l'honneur, l'ambition, l'amour de la patrie & même l'ennui du désœuvrement. Delà la nécessité de forts subsides, qui contrediront violemment l'amour du gain devenu général; delà ensuite le mécontentement, l'émigration, la diminution des mariages, & la révolte, contre laquelle il ne restera point de ressources.

Mais je dois m'arrêter ici. Ce que j'ai dit suffit pour faire comprendre que, dans tout Etat, l'intérêt de la constitution exige une proportion entre les différents moyens de subsister, ou entre les portions du peuple que distingue les unes des autres la maniere dont elles fournissent à leurs premiers besoins. Si je ne me suis pas trompé, la Monarchie la plus florissante peut être dénaturée, & périr enfin par l'accroissement des manufactures & du commerce, & la diminution réelle ou seulement proportionnelle à un certain degré de la valeur des terres & du pouvoir moral des propriétaires. C'est par l'altération des mœurs que doivent se manifester les commencements de cette révolution. Examinez, comparez, & jugez-vous.

CHAPITRE XVIII.

Suite du Chapitre précédent.

Des professions infructueuses, quoiqu'occupées du luxe.

JE n'ai point encore épuisé la source féconde d'observations importantes que peut fournir le seul énoncé du quatrieme devoir des Souverains, relativement à la subsistance des peuples.

Le dirai-je, & les sages me le pardonneront-ils, si je le dis? On connoît la moitié, plus de la moitié même de l'administration publique, quand on a bien étudié les rapports de la subsistance avec la morale, & l'influence réciproque du Gouvernement sur les moyens de subsistance, & de ces moyens sur le Gouvernement. C'est avilir les hommes, dira-t-on, que de dire, qu'en les envisageant de ce côté, on en voit plus de la moitié. Je n'en conviens pas, & je réponds que ce ne sera un avilissement qu'aux yeux de ceux qui ont placé la dignité de l'homme où elle n'est pas.

Mais quoiqu'en me prévalant de cette observation, je puisse, sans rompre le fil de mes raisonnements, parcourir toutes les parties de l'administration, je me bornerai ici à quelques remarques sur l'utilité & les inconvénients des différentes manieres de subsister.

J'entends dire très-souvent, & je dis quelquefois : Tel métier, tel art, telle manufacture, telle branche de commerce est précieuse, parce qu'elle fait vivre un grand nombre d'hommes.

Si cette raison est suffisante, je suis autorisé à dire: la mendicité est une belle profession, puisqu'elle favorise beaucoup de monde.

Qu'on ne m'oppose point la comparaison d'une occupation quelconque avec une oisiveté inutile. Car si vous en exceptez l'exemple & le danger plus ou moins grands pour les mœurs, je ne vois point de différence entre ne rien faire, & faire des riens. Qu'un homme, avec une image à la main, vienne me demander deux sols, & que je les lui donne pour une image dont je n'ai que faire, ou que je les lui donne par charité, quelle différence y a-t-il entre ces deux manieres de subsister, qui, toutes deux, se réduisent en derniere analyse à m'escamotter une petite portion de mon aisance, pour en acheter une portion de ce qu'a produit le travail d'autrui?

Examinez tous les métiers & tous les genres d'industrie, dont le produit peut être comparé à l'image dont je viens de parler, & vous trouverez toujours la même ressemblance entre les professions dont l'objet est aussi frivole, & la mendicité qui demande en pur don. Les premiers donnent un rien, qui pouvoit n'être pas. Pour ce rien, je donne une partie de mon superflu, qui devient le nécessaire de celui qui la reçoit.

Mais, direz-vous, il y a dans les professions que vous frondez

frondez, accroiſſement de valeur & de débit pour certaines denrées, conſommation d'autres denrées, & augmentation ou des richeſſes nationales par l'exportation, ou des revenus royaux par la perception des droits ſur les conſommations.

Si c'eſt un financier qui me fait cette réponſe, je lui replique, qu'il auroit pu en retrancher tout ce qui ne regarde pas les revenus royaux; ſi c'eſt un négociant, il devoit s'en tenir à l'augmentation des richeſſes nationales par l'exportation; ſi c'eſt un agriculteur, l'accroiſſement de valeur & de débit devoit ſeul l'occuper; ſi c'eſt un politique, il a bien fait de penſer à tout, mais il auroit dû tout diſtinguer.

Les fabriques qui augmentent la valeur des denrées, dont la production entre dans le plan d'une ſage économie comme un point d'appui pour l'agriculture; ces fabriques, dis-je, ſont utiles. Mais ce n'eſt pas ſeulement parce qu'elles font vivre ceux qui s'en occupent, c'eſt bien plus encore parce qu'elles font vivre plus à leur aiſe, & encouragent à un travail néceſſaire ceux dont la principale occupation eſt d'alimenter toute la ſociété.

Si de plus, une denrée façonnée en quantité ſuperflue, fait entrer beaucoup plus de ſubſiſtance étrangere que n'en auroit jamais pu produire le ſol où a crû cette denrée, c'eſt un gain qûe ne doit pas mépriſer toute ſociété qui veut être plus nombreuſe que ne le comporte ſon territoire.

Mais de plus, me dit un agriculteur zélé, ces hommes qui donnent une valeur de plus à certaines denrées, en consomment eux-mêmes d'autres, dont le débit est par-là augmenté; & par cette augmentation, l'encouragement du cultivateur, &c.; car ceci est une chaîne dont nous ne trouverions le bout de long-temps. Quoique très-longue, elle n'en est pas plus forte; au moins me crois-je en état de la briser sans beaucoup d'effort.

Un artisan de frivolités, dites-vous, mange du pain, boit du vin, se vêtit, & tout cela est un tribut qu'il paye à la véritable industrie. A la bonne heure. Mais vous étiez donc bien embarrassé de vos denrées, puisqu'il vous falloit des acheteurs de toute espece, même de ceux qui vous séduisent vous-même en faveur de leur commerce ridicule, & aux dépens de votre bourse.

Mais faisons ensemble un calcul sur telle hypothese qu'il vous plaira d'adopter.

Tout homme vivant mange les fruits de la terre. Rien n'est plus certain. La classe d'hommes dont nous parlons n'a point de propriété, & ne cultive point celles d'autrui. Ce qu'elle consomme, ce sont donc les cultivateurs ou les propriétaires qui le lui donnent. Supposons que les propriétaires donnent l'argent, & que les cultivateurs, pour cet argent, donnent les denrées; supposons encore, pour plus grande clarté, qu'un propriétaire, par différentes portions réparties entre plusieurs de ces hommes, donne autant qu'il faudroit pour entretenir une famille entiere, & qu'un cultivateur fournisse pour cet argent ce que consommeroit cette famille.

Voilà donc à quoi ceci se réduit. Mon fermier me donne deux cents pieces; j'en dépense cent cinquante pour mes beſoins ; cinquante ſont pour cet homme qui me fournit des inutilités de toute eſpece. Il prend ces cinquante pieces, qu'il porte à mon fermier pour lui payer ſa ſubſiſtance de toute l'année ?

De quelle utilité eſt cet homme, s'il conſomme les denrées de mon fermier? Il me prend l'argent que celui-ci m'a payé avec peine, & que j'aurois pu lui laiſſer, s'il ne m'avoit pas fallu faire face aux ſéductions de cet homme placé entre nous deux pour manger, prendre de l'argent d'une main, & le rendre de l'autre.

Mais c'eſt une famille de plus! n'eſt-ce que cela? Je pouvois, ou augmenter la mienne, ou entretenir deux journaliers de plus, avec profit pour la ſociété, & perte pour moi, ou payer une taxe plus forte à l'Etat pour l'entretien d'un homme ſocial qu'il ne peut entretenir ; & auquel mon fermier, par différents détours, auroit fourni ſa ſubſiſtance pour mon argent.

Vous entrevoyez maintenant ce que c'eſt que cet homme placé entre mon fermier & moi.

C'eſt un homme mal-aiſé, non-ſociable & inſtable, qui vit de mon aiſance, & l'abſorbe. Sans lui, trois fortunes comme la mienne feroient quatre hommes auſſi aiſés que moi, ou trois hommes d'un quart plus aiſés que moi. Il tient donc la place d'un citoyen ſans l'être, ou il repréſente un homme public ſoudoyé avec le ſuperflu de mon aiſance, & il n'eſt pourtant rien moins qu'un homme public.

Mais, me direz-vous, ſi nous retranchons cette claſſe d'homme, ce ſera autant de perdu pour la population ; & qui conſommera nos denrées ?

Il vous faut encore un calcul. Vous allez l'avoir sur une autre supposition qu'il faut encore me permettre, après m'avoir accordé que ce dont vit un homme peut être censé égal à ce dont vit un autre homme.

Cent mille fabricateurs ou distributeurs d'inutilités, y compris les distributeurs inutiles des choses utiles & nécessaires; cent mille hommes, dis-je, de cette classe, vivent dans un Pays.

Si nous en donnons un, l'un portant l'autre, à chaque propriétaire aisé pour être soudoyé par lui, c'est le superflu de cent mille fortunes aisées qui sert à l'entretien de ces cent mille hommes. Otez les besoins imaginaires qu'ils entretiennent, & cent mille aisés auront un quart de leur fortune de reste. Donc, avant qu'il soit peu, ces cent mille aisés en feront cent vingt-cinq mille. Voilà pour la société un profit clair de vingt-cinq mille citoyens qu'elle n'avoit pas. Chacun de ces citoyens, en qualité d'aisé, nourrit au moins deux hommes dont a besoin son oisiveté, ou dont la décence lui prescrit l'entretien. Ce sont cinquante mille hommes à ajouter aux cent vingt-cinq mille que nous avions. Mais vous conviendrez que mes vingt-cinq mille aisés & leur cinquante mille adjoints, fourniront bien de l'occupation utile ou nécessaire à vingt-cinq mille hommes qui en vivront. Donc l'espece humaine n'aura rien perdu par la suppression des professions inutiles; donc la population, si elle est un bien en soi, n'en aura pas été diminuée; donc, sans m'attirer aucun reproche fondé ou mal fondé, j'aurai augmenté la société de vingt-cinq mille citoyens, sans lui faire perdre un seul de ses membres non-sociables, hors les vingt-cinq mille que remplacent autant de citoyens; nulle diminution de consommation, mais aussi nulle disette de denrées, puisque chaque hypothese nous donne deux cents mille hommes, & que ce dont vit un homme, un autre homme en vit.

Je croîs avoir mis dans quelque jour une grande vérité, qui a été jusqu'ici assez généralement méconnue. C'est que tous les fainéants, & tous ceux qui font des riens, tiennent la place d'un nombre égal d'hommes, dont un quart ou à peu près seroit des vrais citoyens, un quart, d'hommes laborieux, & la moitié, de gens vivant de l'aisance du premier quart.

Que l'on change, si l'on veut, les proportions; la maxime reste toujours certaine. Car si l'on met deux cents mille faiseurs de rien pour cent mille aisés, le superflu disponible de ceux-ci sera plus grand, & pourra fournir à un plus grand nombre de nouveaux aisés, ou, le nombre de ceux-ci restant le même, à un plus grand nombre de leurs adjoints.

Mais, d'après cette maxime, combien ne pouvons-nous pas faire de réflexions humiliantes pour la raison humaine, & combien ne trouverons-nous pas de vices dans la répartition morale & locale des hommes?

La question du luxe est décidée par l'intérêt même, qui paroissoit en suspendre la décision; & la proscription du luxe, qu'adoucit le seul intérêt de la liberté, combien d'autres proscriptions n'entraîne-t-elle pas avec elle! Mais j'ai déja traité cette matiere, & je n'ai plus besoin de dire que c'est un abus que la multiplication des marchands de toute espece, dont la profession n'a pas l'avantage d'épargner aux autres citoyens un temps précieux qu'ils savent mieux employer.

Nous proscrirons encore tous ces petits métiers qui ne servent qu'à multiplier les formes, à irriter les goûts, & à augmenter la dépense; & loin de tolérer cette petite charlatanerie chez nous, dans l'espérance qu'elle fera encore plus de mal à nos voisins, nous dirons que s'il est contre l'humanité de faire présenter à autrui le poison qu'on ne veut pas boire, il est aussi extravagant qu'inhumain d'en boire le premier, pour mieux séduire son voisin.

Il ne faut par être surpris qu'il y ait eu anciennement plus de grands Seigneurs, plus d'aisance, plus de générosité, plus de désintéressement qu'il n'y en a aujourd'hui. La masse de l'aisance, partagée plus également, n'étoit pas rongée par cette multitude d'insectes humains, que l'on regarde aujourd'hui comme une partie considérable, & une classe précieuse de la société.

Un homme aisé, qui n'a que deux domestiques, & pour qui une famille seroit un fardeau trop pesant, nourrit dix hommes qu'on ne voit pas, & qui n'ont avec lui que les rapports odieux & humiliants d'un créancier avec son débiteur.

Il en résulte, sans doute, une valeur beaucoup moindre des individus sociables. Mais quand ce seroit un bien, ce qui n'est pas, il en résulte un état de foiblesse & de langueur pour le corps de la société, puisque sa force est en proportion de la masse de l'aisance & du nombre des aisés. Or, cette diminution est un mal, si l'état de société est avantageux à l'homme.

Que dirons-nous maintenant des Villes? Car ne pouvant tout dire, nous devons seulement indiquer les conséquences principales de nos maximes, & nous en sommes maintenant à la répartition locale des hommes.

Ce que nous avons dit jusqu'ici, prouve assez que cette répartition peut être bonne ou vicieuse, favorable ou contraire au bien-être de la société.

Si les hommes sont aussi près qu'il est possible de l'endroit où ils peuvent être le plus utiles, & de celui d'où ils tirent leur subsistance, leur position locale est très-bonne; elle est mauvaise dans le cas contraire.

Le temps est une mesure universelle qui ne trompera jamais quiconque voudra l'employer. La raison en est, que le temps mesure le travail & les besoins physiques. On peut donc tout évaluer par la durée; & c'est aussi ce que suppose l'usage où l'on est dévaluer l'aisance d'un homme par les signes des denrées qu'il peut consommer dans un temps marqué, pendant une année, par exemple : les salaires & les gages se comptent de même par jours, par mois, par année.

Cela posé, la répartition locale des hommes, qui comporte la plus grande économie du temps, est aussi la plus avantageuse.

Voyons, d'après ce principe, ce que nous devons penser des Villes.

CHAPITRE XIX.

Du déplacement des hommes par rapport à la subsistance. Des Villes en général, & des Capitales en particulier.

Je ne rapporterai point la fondation des Villes à un motif qui ait été le même par-tout, & dans tous les temps. Elle peut être sans motif distinct; lorsqu'une famille s'accrut sans se séparer, une Ville se trouva formée, sans que ses fondateurs eussent pensé à autre chose qu'à se loger les uns près des autres.

La réflexion fit trouver, sans doute, dans cette maniere d'habiter un Pays, des avantages d'autant plus grands, que les sociétés étoient moins nombreuses, leur territoire moins étendu & moins fermé, la guerre moins enchaînée par la politique & moins appesantie par les préparatifs. Aussi voit-on que les peuples qui, les premiers, connurent les biens immeubles, furent aussi les premiers qui habiterent des Villes. Mais tant que subsista ce motif, leur étendue fut bornée au nombre d'habitations que pouvoient occuper ceux que nourrissoit le territoire, & ce territoire lui-même étoit borné à l'étendue au-delà de laquelle la fuite eût été difficile, & le transport des fruits de la terre incommode & dispendieux pour le temps & pour le travail.

La fertilité plus ou moins grande de chaque Pays,

devoit donc aussi borner ou étendre l'enceinte des Villes.

Dans cet état de médiocrité, où les Cités étoient l'asyle, & non le fléau de l'agriculture, où leur alliance étoit aussi étroite qu'est inévitable la nécessité de se loger, & de garder des provisions, il y avoit, sans doute, une perte de temps, si les cultivateurs se retiroient toutes les nuits dans les Villes; mais elle n'avoit pas toujours lieu, & elle étoit en partie compensée par la commodité & la sûreté; dans cet état, dis-je, les Villes furent aussi peu préjudiciables qu'il étoit possible, à la population, & à la prospérité essentielle des sociétés.

Mais les arts eurent leur berceau dans les Villes. Ce fut-là que, rapprochés, ils se perfectionnerent les uns par les autres; & par leur moyen, il y eut dans les Villes des habitants qui ne furent pas cultivateurs, & qui mirent les cultivateurs à contribution. Si chaque Ville n'eût eu des artisans que pour son territoire, celui-ci auroit toujours été la mesure de celle-là, & la proportion entre l'aisance & la population n'auroit point été dérangée; bien entendu pourtant que le territoire ne se seroit point accru, & que l'on se seroit borné aux arts nécessaires. Je dois même convenir qu'avec cette derniere condition, la séparation de l'agriculture d'avec les autres arts dont elle a besoin, devient très-utile à la société, par le gain du temps qu'épargnent la plus grande habitude des artisans, & la plus grande perfection de leurs ouvrages.

Mais comme les artisans, à la différence des cultivateurs, sont faciles à déplacer, il put arriver, & il arriva que chaque territoire n'eût pas une Ville, ou qu'en ayant une, elle ne renferma pas autant d'artiſans qu'en pouvoient occuper les habitants de la Ville qui étoient auſſi ceux du territoire. Il fallut alors que ces artiſans ſe trouvaſſent dans une autre Ville, qui vendît leur travail, & ſe mît par-là en état de nourrir un plus grand nombre d'habitants, que n'en comportoit ſon territoire; mais en revanche, les Villes ou Villages, auxquelles elle vendit le produit de ſon induſtrie, eurent moins d'habitants qu'ils n'en purent nourrir, & l'eſpece humaine ne gagna rien à cet arrangement. Mais il eſt vraiſemblable qu'elle y perdit, puiſque l'éloignement dans lequel ſe trouverent l'agriculture & les arts, ſes auxiliaires, occaſionna néceſſairement une perte de temps, ſoit que le cultivateur allât chercher dans la Ville ce qui lui étoit néceſſaire, ſoit que les artiſans le lui portaſſent, ſoit qu'entre les uns & les autres, il ſe plaçât un corps intermédiaire de commiſſionnaires qui n'euſſent rien autre choſe à faire que de porter aux cultivateurs l'ouvrage des artiſans, & à ceux-ci les denrées que leur devoient ceux-là en échange de leur travail. Par-là, ni les artiſans, ni les cultivateurs, ne perdirent de temps; mais tout celui des commiſſionnaires fut perdu, & ce fut aux artiſans & aux cultivateurs à le leur payer; ce qui devint une charge pour les uns & les autres.

Ainſi la ſeule répartition locale des hommes a ſes conſéquences. Pluſieurs circonſtances peuvent enſuite les augmenter. C'en eſt une très-importante que la diviſion des ſociétés, par territoires diſtincts; car ſi l'agriculture seule occupa une société, pendant qu'une société voisine y joignit les autres arts, la perte de temps, qui, dans la premiere hypothese, n'étoit qu'une diminution absolue d'aisance, devenoit en outre une diminution relative de puissance & de deux sociétés. Il pouvoit s'en former trois, si les commissionnaires faisoient un corps à part, qui eût un autre domicile & un chef particulier.

Je n'ai supposé jusqu'ici que des arts nécessaires, & cette supposition m'a déja fourni plusieurs combinaisons, dont aucune n'a été avantageuse à l'espece humaine.

Supposons maintenant la multiplication des arts produisant celle des besoins, & s'en accroissant à son tour. Les Villes s'agrandirent dans la même proportion, comme étant le séjour naturel des arts. Mais l'aisance diminuera autant que s'accroîtront les besoins, & le bénéfice du temps étant pour le territoire des Villes, il en résultera un grand encouragement pour la culture dans ce territoire, & un découragement proportionnel hors de ce cercle étroit. Pour une Ville qui sera une République, & n'aura de possessions que son territoire naturel, tout sera un gain dans cet arrangement, mais aussi tout sera en perte pour les sociétés que l'industrie de cette Ville mettra à contribution. Si la Ville & le Pays appartiennent à une même société, il y aura gain pour la Ville, qui doit le moins gagner, & perte pour le Pays, qui doit le moins perdre. Mais outre ce désordre, il restera une perte réelle, celle de beaucoup de temps, dont la valeur sera ajoutée à celle de tous les objets de consommation, pour la subsistance des commissionnaires sans nombre, qui devront donner leur temps en masse, afin que les cultivateurs & les artisans ne perdent pas le leur par parties.

Ainsi où il y a de grandes Villes, la répartition locale des hommes est vicieuse en elle-même.

Cette maxime a sa preuve dans la position même des grandes Villes, que l'on ne trouve qu'où la nature favorisa l'économie du temps, sur le bord de la mer, sur les grandes rivieres, ou dans des contrées d'une fertilité extraordinaire.

Mais cette même maxime a son exception dans la distribution politique des Pays ou des peuples, puisqu'où il y a un peuple de commissionnaires, sans territoire ou avec un territoire très-borné, le gain n'est plus balancé par la perte, & qu'au contraire, de ce rapport forcé, il résulte un état de guerre perpétuel entre la société qui perd, & celle qui gagne.

Que l'on vante dans un grand Etat une grande Capitale, je penserai à la fable du cerf, qui admiroit son bois, & méprisoit ses jambes.

Cette comparaison n'est point hasardée, & je le prouverai, si je fais voir que les inconvénients d'une grande Capitale peuvent seuls entraîner la ruine du plus puissant Empire. C'est sur quoi je vais me promettre une digression, que l'importance du sujet doit me faire pardonner.

Qu'un Empire puisse subsister sans Capitale, c'est ce que prouve assez l'histoire de la Monarchie Françoise, & de l'Empire d'Allemagne. Ce ne seroit pourtant point à quoi je voudrois que l'on ramenât exactement la répartition locale des hommes, des richesses & du pouvoir; mais je voudrois qu'on ne s'en éloignât pas à l'excès, par le desir puérile de l'emporter sur les autres peuples, par la magnificence & la grandeur de la Capitale, ou par la petite vanité de contempler sa grandeur rassemblée dans un seul endroit. N'attachons ni dignité, ni patriotisme à l'agrandissement & à l'embellissement d'une Capitale. Cette folie seroit celle d'un homme qui se glorifieroit d'avoir un très-gros foie, ou une tête monstrueuse. Je viens d'indiquer les trois faces sous lesquelles on doit envisager la grandeur des Villes, & sur-tout des Capitales. Il faut y considérer les vices ou les justes proportions de la répartition des hommes, des richesses & du pouvoir.

J'ai déja fait voir comment une grande Ville ne peut avoir qu'un commerce médiat & dispendieux avec les campagnes d'où elle tire sa substance, & auxquelles elle envoye le produit de son industrie. Il résulte déja de cette circonstance un vice dans la répartition.

Chaque objet de consommation se trouve surchargé d'un surcroît de temps & de travail, qui met l'aisance à trop haut prix, & dont l'évaluation arbitraire tend à la déplacer sans cesse au profit de celui qui étant le plus avide, & de la plus mauvaise foi, mérite le moins d'acquérir cette qualification pour la dignité de citoyen.

Mais ce n'est pas tout encore. Une grande Ville, & sur-tout une grande Capitale, n'est pas sans habitants, qu'y fixe tout autre motif que la commodité qu'y trouve l'industrie. Or, quiconque habite une Ville, doit y vivre de ſon travail, (je veux bien appeller ainſi les petits ſoins du commerçant,) ou de produit de ſes terres, ſoit en nature, ſoit en argent, ou ou d'une ſolde que lui donne l'Etat, ou des gages que lui donne un citoyen, ou de ce que peuvent rendre différents métiers, qui ne ſont lucratifs que par la corruption des mœurs.

Celui qui vit de ſon travail, n'eſt point deplacé dans une Ville, dès que ſon travail eſt de nature à devoir y être mieux fait ou avec plus de profit qu'à la campagne. Mais il faut bien prendre garde que ſi un travail, qui ne ſert qu'au luxe, peut être toléré dans un grand Etat, il ne doit jamais être encouragé, pas même ſous le prétexte ſpécieux de mettre les étrangers à contribution. Je l'ai déja dit, & je le repete : favoriſer ces metiers, c'eſt prendre du poiſon pour en faire prendre à ſon voiſin.

Celui qui, dans une Ville, vit du produit de ſes terres en nature, eſt le plus près du bon ordre ; il ne s'en écarte même pas, ſi ce qu'il perd par ce déplacement eſt un ſacrifice que ſon aiſance le met en état de faire à ſa patrie. Mais c'eſt au Magiſtrat ſuprême à examiner ſi ce n'eſt pas un abus que la néceſſité d'un pareil déplacement, & ſi elle n'a pas déja produit ou n'eſt pas ſur le point de produire la néceſſité d'une ſolde. Au moins eſt-il certain que toute diminution de l'aiſance par un accident auquel il peut être paré, ſuppoſe ou un vice dans la loi, ou une faute du Magiſtrat; car l'aiſance n'eſt pas diminuée, ſans que la ſociété en ſouffre, à moins que cette diminution ne ſoit la ſuite néceſſaire d'un ſervice dont elle a beſoin.

Mais c'eſt-là l'inconvénient des petites Villes; & à

peine doit-on en tenir compte, lorſqu'il eſt queſtion des grandes Capitales. Combien peu de gens, en effet, peuvent y vivre du produit en nature de leurs domaines? On peut même n'avoir aucun égard à des exceptions rares, & dire qu'en général, tous les habitants d'une Capitale vivent d'argent. Parlons d'abord de ceux pour qui cet argent repréſente leurs denrées. Pour ceux-là, il y a perte d'aiſance par le moindre produit de leurs fonds que n'engraiſſe pas l'œil du maître, par le profit néceſſaire du fermier ou régiſſeur, par la différente maſſe des eſpeces dans la Capitale & dans la Province, différence qui fait que la même quantité de ſignes qui repréſente beaucoup de denrées dans un lieu, en repréſente peu dans un autre; par la multiplication des beſoins, qui naît du ſeul déplacement; par la néceſſité d'être toujours en vue, qui oblige à une repréſentation continuelle, & rend l'empire de la mode perpétuel autant que tyranique; par les loix même, que la foule indigente impoſe à la foule aiſée, pour mieux vivre à ſes dépens.

Toutes ces portions d'aiſance ne ſont pas perdues. Pluſieurs deviennent le néceſſaire d'autres citoyens. Mais la ſociété ne gagne rien à la multiplication des néceſſaires phyſiques, & c'eſt pour elle une perte que la diminution de l'aiſance.

A quoi eſt bonne cette foule de malheureux qu'occupe l'oiſiveté d'une bourgeoiſie immenſe, qui porte tout pour elle, qui marche pour elle, qui achete & prépare tout pour elle?

Si l'on en excepte ceux qui, profitant éminemment

de ce désordre, lui doivent jusqu'à l'aisance, il n'est aucun de ces bourgeois de tout rang, qui se fait servir à si grands fraix, qui ne fût servi ailleurs, autant qu'il en auroit besoin, par des gens qui sont déja à lui, & qui ne font aucun emploi de cette petite partie de leur temps, qu'ils rempliroient gratuitement des mêmes services que leur maître est obligé d'acheter.

Plus une Capitale est remplie de peuple, plus on l'admire comme une partie considérable d'une grande puissance, & un chef-d'œuvre de l'économie publique, qui sait fournir aux citoyens tant de divers moyens de subsister.

Je suis bien-loin de penser ainsi. Où est cette multitude affamée, qui se tourmente sans cesse pour périr bientôt, comme l'oiseau égaré sur le vaste Océan, à qui il ne reste de vie qu'autant que durera la force de ses aîles, je vois le plus triste tableau de la misere humaine; je vois l'homme dégradé jusqu'à être un fardeau de la société, sans en être le soutien; je vois pis encore, je vois un horrible ulcere où vient aboutir en abondance le sang le plus pur, pour s'y corrompre, & hâter la mort du malade.

Cette foule ne vit que d'une masse énorme d'aisance, qui s'anéantit ici sans aucun fruit pour la société, dont cette aisance étoit pourtant le domaine.

Mais, non : entre ces aisés, il y en a qui doivent se consumer ici pour servir la patrie; les autres y mangent, non les fruits de leurs terres, ni leur équivalent en argent, mais la solde qu'ils reçoivent de la société.

Je comprends. Ces gens seroient pauvres chez eux, parce

parce qu'ils n'y auroient rien; & pour ne pas renoncer à la pauvreté, ils se fixent dans un lieu, où, avec beaucoup, on est encore pauvre.

Mais d'où vient cette solde? Du tribut levé sur les Provinces. Il falloit donc l'y reporter, si l'on vouloit maintenir quelqu'égalité, quant à la masse & à la valeur des signes, entre la Capitale & les Provinces.

Mais je me trompe. Un habile homme vient de m'en avertir, en me faisant remarquer que la Capitale fournit elle-même une partie considérable, mais très-considérable, des revenus sur lesquels est prise la solde qui se dépense dans cette superbe Ville.

J'allois tomber dans une grande erreur, & commettre en même-temps une grande injustice, en exigeant qu'on rendît aux Provinces ce qu'elles n'ont pas donné, & qu'on privât, à la dépense, cette fertile Capitale de ce qu'elle a mis du sien dans la recette.

Comment ai-je été capable d'une si grande méprise? Voyons l'enchaînement de sophismes par lequel j'ai été conduit.

J'ai d'abord pensé que ce qui ne produit rien n'est pas fertile, & que l'argent qu'il peut y avoir dans une Ville, y est venu, non en retour de ses productions qui sont nulles, mais par la voie d'exaction, soit du propriétaire envers les fermiers, soit du Souverain, qui reçoit par-tout, pour dépenser, en quelque sorte, dans un seul endroit.

Je ne méconnoissois pourtant pas une troisieme source de l'argent qui peut circuler dans une grande Ville, l'induſtrie de ſes habitants, dont les uns ſont enrichis par les formes vénales de ja juſtice gratuite, les autres donnent des formes auſſi élégantes que coûteuſes aux matieres premieres & même ſecondes qu'ils tirent d'ailleurs.

Mais, dirois-je, tout ce qui eſt manufacture bonne & ſolide en ſoi, doit être banni d'une Capitale; quant aux arts élégants, c'eſt-là leur centre, & je n'ai jamais propoſé d'en chaſſer, ni les artiſtes de goût, ni les littérateurs, ni tous les ſuppôts de la juſtice, ni rien enfin de ce qui eſt eſſentiel à une Capitale. Autrement, je devois dire, que je ne voulois point de Capitale; ce que je n'ai pas dit.

Je laiſſe donc aux grandes Villes tout ce qui ne peut être ou ſe bien faire que là, & je ne propoſe de leur ôter que ce qu'elles abſorbent à titre de tribut, & dont une partie ſe convertit en ſubſides pour l'Etat. Mais j'ai dit comment on pourroit remplacer le produit des barrieres, en rendant les détenteurs des fonds receveurs & payeurs pour l'Etat de toutes les taxes que devroient ſupporter les conſommations.

Je ne m'étendrai pas davantage ſur le déplacement des hommes & des richeſſes, qui eſt inſéparable de la grandeur monſtrueuſe d'une Capitale.

Je ne pourrois que répéter ce qui ſe trouve déja en pluſieurs endroits de cet Ouvrage.

Mais il me reſte un mot à dire du déplacement du pouvoir, ne fût-ce que pour expliquer ce que j'entends par-là.

Si l'on ſe rappelle ce que j'ai dit ailleurs du pouvoir

moral, on comprendra aisément qu'il n'y a point de citoyen qui ne reçoive de quelqu'autre, & qui ne donne à son tour quelque pouvoir moral.

La gradation légale des pouvoirs reçus & donnés fut autrefois bien plus marquée & plus étendue, puisqu'elle comprenoit le grand Vassal, dont la puissance étoit rivale de la souveraineté. Elle est aujourd'hui moins étendue & moins marquée, mais avec de meilleurs arrangements économiques, & en rendant quelque vigueur aux loix qui établissent cette gradation; la chaîne en sera assez forte pour empêcher le désordre, la confusion, l'incertitude, & la fluctuation politique.

Ce n'est que dans les grandes Villes qu'il est impossible d'établir cette gradation, ou de donner de la solidité aux arrangements par lesquels elle pourroit être dessinée plutôt que formée. Quelqu'arrangement que l'on fasse, il sera purement légal, & n'aura rien de moral; il deviendra donc insuffisant, dès que la loi cessera d'en imposer, je ne dis pas au plus grand nombre, mais à un petit nombre seulement d'hommes plus remuants que les autres. Car, dans une grande Ville, où l'on ne voit pas ce qui ne se remue pas, la foule des séditieux est toujours la plus apparente. Mille hommes, qui courent les rues, sont plus apparents & infiniment plus forts que cent mille qui se cachent dans leurs maisons. Un bourgeois, qui vit de ses rentes, ne dépend de personne que d'un Magistrat électif, qu'il ne craint pas, dont il n'espere rien, & qu'il ne peut affectionner.

Un artisan dépend de ses pratiques; mais c'est comme s'il ne dépendoit de personne. Ce qu'il peut donner de pouvoir moral, eſt donc vacant. Il en eſt de même du fabricant, du marchand, du valet public, qui attend ſur la place qu'on vienne acheter de lui un ſervice, du revendeur qui vend la peine qu'il prend à ceux à qui il en épargne.

Quelle maſſe de pouvoir moral tout cela réuni ne fait-il pas; & combien ne ſeroit pas redoutable celui qui ſe l'approprieroit? Malheur alors au Souverain, s'il ſe trouvoit au milieu de ſa Capitale! Il ſeroit ou un priſonnier, ou une victime, ou un gage trop précieux entre les mains de celui qui commanderoit à la multitude.

En pareil cas, il n'y auroit de ſalut pour un Roi que dans la fuite; il devroit tenir la campagne, s'il vouloit régner. Mais ſi toutes les richeſſes étoient dans la Capitale; ſi, peſées avec le reſte de l'Etat, elles ſe trouvoient emporter la balance, inconvenient qui n'eſt pas ſans exemple, ſur-tout où le deſpotiſme accumule tout autour de lui; être chaſſé de la Capitale, ſeroit la même choſe qu'être dépoſé, & dès-lors il faudroit périr plutôt que d'en ſortir; dès-lors auſſi la claſſe la plus vile, qui eſt toujours la plus forte dans les grandes Villes, régleroit la deſtinée de l'Empire, & la démocratie, favoriſée par le deſpotime, s'aſſocieroit à lui, pour mettre le comble au déſordre.

LIVRE ONZIEME.

Énumération des Besoins du Prince, la même que celle des Besoins moraux des autres hommes. On examine les cinq premiers avec les penchants qui en résultent dans le Prince, & leur rapport avec les Besoins correspondants de la Société.

CHAPITRE PREMIER.

Énumération des Besoins moraux du Prince.

J'AI dit que je traiterois le Prince, comme j'ai traité les autres citoyens; que je détaillerois moins ses devoirs, que je les ferois naître de sa position, & que je chercherois celle-ci dans ses besoins & dans ses moyens, & dans les besoins correspondants de la société. J'ai promis en conséquence de reprendre relativement au Prince, la triple énumération que j'ai déja suivie.

Les besoins du Prince, comme ceux de chaque citoyen, sont:

1°. La certitude plus grande qu'elle ne l'est hors de

la société, de vivre long-temps, ou simplement la sûreté & la sécurité.

2°. L'estime des hommes, ou la gloire.

3°. La supériorité sur les semblables, ou l'ambition, dans les rapports du Prince avec les autres Souverains; car dans ses rapports avec la nation qu'il gouverne, ce besoin n'est plus l'ambition, c'est l'honneur du Prince, ou la crainte de décheoir.

4°. La liberté ou la faculté moindre ou plus grande de vouloir pas soi-même, & d'agir en conséquence; liberté, qui, pour le Prince, est le fruit, non de la loi qui l'asservit sans cesse comme tel, mais de sa capacité & de son activité.

5°. L'ensemble de ce dont le Prince jouit, ou croit jouir comme pouvant être perdu ou augmenté, ou, en un seul mot, la patrie.

6°. La richesse ou l'opulence, autant qu'elle est, non l'amas confus de plusieurs avantages effectifs ou possibles, (car le Prince est trop au-dessus de ce besoin, comme individu, pour le sentir,) mais autant qu'elle est, en quelque sorte, le magasin d'une espece des moyens que le Prince doit avoir pour régir.

7°. La postérité.

8°. Cette paix de l'ame que donne un culte que l'on croit agréable à Dieu, & l'espérance, fondée sur ce culte, d'un bonheur à venir, ou la Religion.

Tels sont les besoins du Prince, les mêmes que ceux des autres citoyens, mais qui en different nécessairement dans leur objet, ou dans leurs modifications.

Je n'ajouterai point ici à cette énumération, celle des

penchants, qui naiſſent des beſoins dont je viens de parler. Il faut les rechercher, & les diſcuter, avant de les établir. Je n'en rapprocherai pas non plus les beſoins correſpondants de la ſociété tels que je les ai déja détaillés, parce qu'à chaque beſoin du Prince, ne correſpond pas exactement un même beſoin de la ſociété qui eſt relatif à ce beſoin des individus.

Ce ne ſera donc qu'en traitant de chacun des beſoins du Prince, que je découvrirai, & quel penchant en réſulte dans ſon cœur, & vers quel beſoin de la ſociété ce penchant doit être dirigé.

CHAPITRE II.

De la ſûreté du Prince, & de ſon amour pour la vie. Comment le Prince peut être en ſûreté. Ce qui fit les Tyrans. Qu'il n'y a point de ſûreté pour la vie du Prince, où il n'y en a point pour celle des ſujets. Dans quels cas, & pourquoi dans ces cas, le Prince peut expoſer ſa vie.

CHAPITRE III.

Autres conſidérations relatives au ſujet traité dans le Chapitre précédent, & en particulier des ſoins que le Prince doit à la vie de ſes ſujets.

CHAPITRE IV.

Ce que c'eſt que l'eſtime des hommes pour le Prince, & en quoi il doit faire consister sa gloire ; que le penchant qu'il peut avoir pour la gloire, ne doit pas avoir pour principal effet de lui faire mépriser la vie, parce qu'il est très-rare qu'il soit dans le cas de l'option, & que ce n'est pas de sa bravoure que la société a principalement besoin. Que dans la sûreté & dans la splendeur de la société, & non dans les grands événements qui rendent les regnes fameux, consiste la gloire du Prince. Que celle dont il jouit par état, doit être pour lui un dédommagement suffisant de la célébrité qu'il lui est défendu de desirer.

CHAPITRE V.

Des Conquêtes & des Monuments.

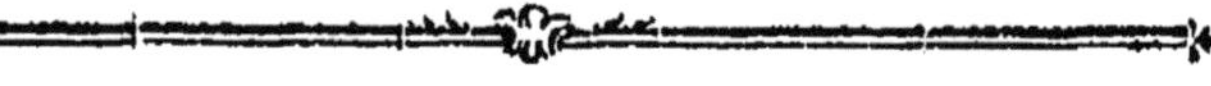

CHAPITRE VI.

Que le Prince étant par la loi supérieur à un grand nombre d'hommes, le desir de la supériorité, ou l'Ambition, ne peut exister en lui que relativement à ses égaux. Jusqu'à quel point ce desir peut être louable, & combien il peut être funeste.

CHAPITRE VII.

Que, relativement à ses sujets, le Prince ne doit aimer la supériorité, que comme un autre citoyen craint de décheoir. Que ce penchant doit le porter à maintenir, & non à au-

gmenter son autorité, & les droits de sa Couronne. Règles qu'il doit se prescrire dans cette vue. Des deux extrêmes. Comment il faut les éviter.

CHAPITRE VIII.

Suite du Chapitre précédent.

Avec quelle sagesse le Prince doit conserver l'esprit de la constitution dans les changements, de forme que peuvent nécessiter les révolutions qu'il n'a pu empêcher dans le moral & le physique. Combien peu de Souverains ont eu cette sagesse, & pourquoi.

CHAPITRE IX.

Devoirs du Prince relativement à l'ambition des citoyens & des corps. Excellence de la Monarchie.

CHAPITRE X.

Que l'ambition désordonnée des Princes, qui alterent la constitution de leur Etat, est en eux la suite d'une erreur funeste sur l'objet essentiel qu'ils doivent se proposer; ou la recherche d'un moyen de ne pas décheoir, lorsque leur négligence & leur incapacité doit produire leur décadence.

Que c'est par une de ces raisons qu'ils aiment la liberté, qu'ils croyent trouver dans leur affranchissement des loix que cette liberté n'existe & ne s'accroît qu'aux dépens de celle des citoyens ; mais qu'elle tend à la ruine du Prince, comme la sûreté diminue avec celle de ses sujets.

CHAPITRE XI.

Quel respect le Prince doit à la liberté nationale & aux droits des individus. Comment il peut trouver la seule liberté qu'il doive desirer, dans l'heureuse servitude des loix. Qu'elle sera toujours assez grande dans un Etat bien constitué pour le Prince actif, laborieux, honnête, & médiocrement habile, ou simplement doué du bon sens.

CHAPITRE XII.

Si la meilleure constitution est celle à laquelle peut présider un Prince très-borné ou très-vicieux. Si le regne d'un tel Prince doit être supposé ; & si, dans cette supposition, l'intérêt du Souverain, qui peut avoir un pareil successeur, est différent de celui de la nation, qui peut craindre d'avoir un pareil chef.

LIVRE DOUZIEME.

Des trois derniers Besoins du Prince, que l'on examine, ainsi que les penchants qui en résultent, & leurs rapports avec les Besoins correspondants de la Société.

CHAPITRE PREMIER.

Du besoin qu'a le Prince d'avoir une patrie. De l'amour qu'il lui doit, en quoi il doit consister.

CHAPITRE II.

Combien le Prince doit fomenter dans ses sujets l'amour de la patrie. Ce qu'il leur doit à cet égard. Du devoir que lui impose sa charge, de maintenir l'intégrité de la société & de son territoire.

CHAPITRE III.

Que rendre son peuple heureux, c'est le multiplier; ce qui vaut mieux que d'accroître son territoire. Qu'on l'accroît réelle-

ment par une meilleure culture. Que l'accroiſſement réel par le commerce, eſt preſqu'impoſſible, & peu déſirable, parce qu'il ſeroit précaire, & que le commerce ceſſant, il arriveroit à l'Etat ce qui, dans un homme, eſt la ſuite d'un embonpoint exceſſif quand il la perdu. En quel ſens un Prince doit rendre ſon peuple riche, pour l'être lui-même.

CHAPITRE IV.

Juſqu'à quel point le Prince a beſoin d'être riche. Quelles doivent être les ſources de ſes richeſſes; quel emploi il doit en faire. De l'abus des graces & des récompenſes pécuniaires.

CHAPITRE V.

Autres eſpeces de richeſſes du Prince. Les honneurs dont il eſt le diſtributeur. Que le droit de punir, conſidéré ſous cette même face, a fait les Tyrans. A quoi le Prince doit des récompenſes. Qu'il n'en doit ni à la vertu proprement dite, ni à la piété.

CHAPITRE VI.

De la poſtérité, comme objet des deſirs du Prince pour lui-même, & de ſes ſoins pour ſon peuple.

CHAPITRE VII.

De la Religion. Ce que lui doit le Souverain. Ce qu'il en peut craindre, & ce qu'il en doit espérer.

CHAPITRE VIII.

Quels moyens il y a de retarder la décadence d'un Etat par la dissolution successive de ses principes. Dans quel état il y a plus de ressources pour arrêter cette décadence. S'il est possible de réfondre un Etat lorsque la constitution est déformée, & de lui donner une vigueur nouvelle & durable. Quelques maximes sur lesquelles on peut se conduire en pareil cas.

CONCLUSION.

On trouvera peut-être étrange, comme il est nouveau, que l'Auteur de cet Ouvrage le présente au Public avant de l'avoir achevé. Je ne dirai point, pour l'excuser, que la mort l'a surpris, ni que ses occupations ne lui ont pas laissé le temps d'y mettre la derniere main. Moi-même, qui écris ceci, suis l'Auteur qui donne le premier exemple d'une pareille négligence ; car j'avoue qu'il en entre un peu dans mon procédé avec le Public, si ce n'est pas plutôt une espece de découragement, & aussi un refroidissement causé par de grandes distractions, & auquel se joint la répugnance que j'ai à traiter deux fois les mêmes sujets : &, en effet, tous les titres que je laisse à remplir, le sont déja dans un Ouvrage que je composai il y a dix ans, ou environ, & que je me proposois uniquement de refondre lorsque j'ai entrepris celui-ci. Dans mon premier plan, ce que je donne aujourd'hui au Public, ne devoit être qu'une introduction à cet autre Ouvrage, qui à peine auroit fait un médiocre volume.

C'est donc cette introduction, si on peut encore lui donner ce nom, que je présente au Public ; &

j'attends son jugement, la critique des gens sages, les invectives même des foux & des envieux, pour me déterminer à achever ces Eléments, &, si je prends ce parti, pour profiter & de cette critique, & de ces invectives, dans la composition des deux derniers Livres, dont je ne donne aujourd'hui que les Sommaires.

On a pu remarquer que tous les sujets traités dans le reste de l'Ouvrage, reparoissent dans ces deux derniers Livres, & qu'ainsi j'aurai occasion de me réformer sur tous les points sur lesquels on me prouvera que j'ai erré, non en détruisant ce que j'ai dit, mais en le modifiant par des exceptions, par l'addition de nouveaux principes, faute de quoi des vérités certaines & utiles deviennent souvent des erreurs dans l'esprit du Lecteur. De ce que je dis ici, on concluera que je ne crois pas m'être égaré, & on aura raison. A peine je puis croire que les plus mauvais Ecrivains ayent débité des erreurs absolues en matiere de politique. Comment croirois-je être dans ce cas? Je ne me réserve donc point l'occasion de me rétracter, mais celle de m'expliquer, & de développer mes maximes par de nouvelles applications, &, comme je l'ai dit, par l'addition de nouveaux principes, si je trouve qu'il m'en soit échappé.

Du reste, je ne m'engage point, par une promesse positive, à achever cet Ouvrage. Tant de circonstances peuvent m'en empêcher, que cette promesse seroit téméraire. Sais-je même si le Public l'accepteroit, ou ne la regarderoit pas plutôt comme une menace ?

Ce malheur, s'il m'arrive, ne m'accablera point. Si jamais j'ai écrit pour le bien de l'humanité, pour contribuer au bonheur de mes freres ; si jamais j'ai subordonné à ce grand objet le desir si naturel d'être approuvé & estimé, je l'ai fait en composant cet Ouvrage, & mon plus grand chagrin, s'il est réprouvé par le Public, sera de me voir déchu de l'espérance que j'ai eue de faire une chose utile.

Mais il me restera la consolation de l'avoir voulu, & même d'avoir sacrifié à cette volonté forte & entiere toute la délicatesse qui auroit dû me porter, comme Ecrivain, à rendre mon Ouvrage plus correct & plus régulier. Veuille le Pere commun de tous les hommes, le souverain Pasteur des Rois & des Peuples, me tenir compte de ce sacrifice, & m'en récompenser, en suscitant un Ecrivain plus habile & plus heureux que moi, qui exécute, avec succès, ce que j'ai tenté, & qui ramene la Politique à son vrai principe, le plus grand intérêt de l'humanité ! Puissé-je,

avant

avant de fermer les yeux à la lumiere, voir ce chef-d'œuvre, qui triomphera des siecles & des accidents, parce qu'il sera d'usage dans tous les temps, dans tous les cas, & sous toutes les formes de Gouvernement!

O ma patrie, agréez cependant un travail que je vous ai consacré. Et vous, mon Souverain, mon Roi & mon Pere, reconnoissez un tendre fils & un sujet fidele, dans un Ouvrage destiné à affermir votre trône, à accroître votre puissance, & à établir l'un & l'autre sur leur fondement le plus solide, la félicité de votre peuple.

FIN.

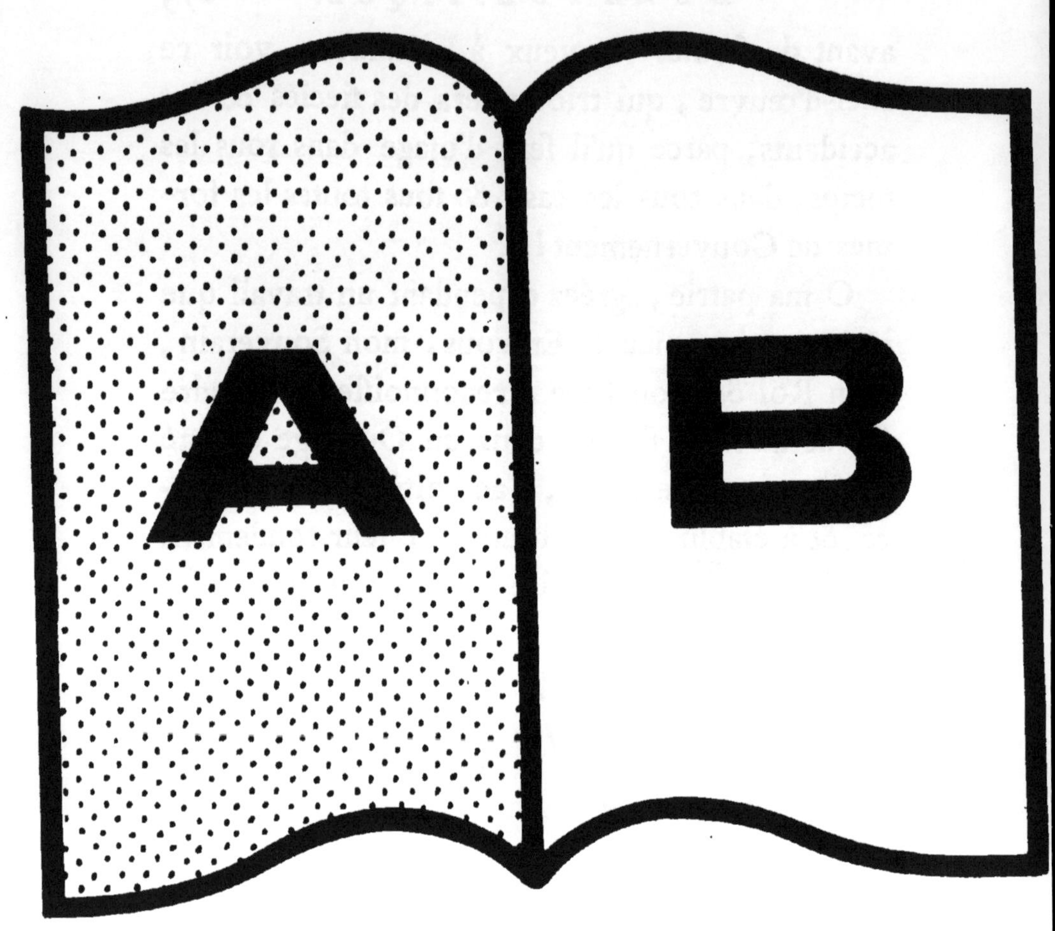

www.ingramcontent.com/pod-product-compliance
Ingram Content Group UK Ltd.
Pitfield, Milton Keynes, MK11 3LW, UK
UKHW021855190726
13855UKWH00001B/325